李白传

林潇 著

民主与建设出版社
·北京·

图书在版编目（CIP）数据

李白传 / 林潇著. -- 北京 : 民主与建设出版社,
2025. 3. -- ISBN 978-7-5139-4844-9

Ⅰ. K825.6

中国国家版本馆CIP数据核字第2024N7Z053号

李白传

LI BAI ZHUAN

著　　者　林　潇
责任编辑　宁莲佳
封面设计　言　成
出版发行　民主与建设出版社有限责任公司
电　　话　(010)59417749　59419778
社　　址　北京市朝阳区宏泰东街远洋万和南区伍号公馆 4 层
邮　　编　100102
印　　刷　大厂回族自治县彩虹印刷有限公司
版　　次　2025 年 3 月第 1 版
印　　次　2025 年 3 月第 1 次印刷
开　　本　880mm × 1230mm　1/32
印　　张　8
字　　数　180 千字
书　　号　ISBN 978-7-5139-4844-9
定　　价　42.00 元

自序 PREFACE

云起一声笑，万事皆休

在中国诗词史上，李白无疑是最特别的存在。余光中说他：“绣口一吐，就是半个盛唐。”杜甫说他：“笔落惊风雨，诗成泣鬼神。”可我要说他：“翻历史书册千年无声，唯到他那一页喧嚣锦绣，如太白星照长夜初明。”

自他以后，这世上再也没有那般鲜活的人。他被征召入宫时仰天长笑，得意地大声嚷嚷：“我辈岂是蓬蒿人。”

你好像能看到他透过短短诗篇，对着懵懂孩童，昂首挺胸地自吹自擂：“我厉害吧，小屁孩还不快来夸我！”因为太得意了，似乎有些忘了形，为朝堂上那些浸满官僚气的老学究所不喜，又为满腹城府的弄权者所憎恶，最终狼狈地逃了出来。临走时，他慷慨陈词，谁想要伺候你们这些权贵啊，“使我不得开心颜”！

他便去了黄河、太行山，看冰河塞川，看大雪满山。

一眨眼他满身的傲气又如被戳了洞的气球，“噗”的一声散了。他无比沮丧，垂头丧气地想找东西发泄。只看他一口气蓄满，却“拔剑四顾心茫然”，压根儿不知道该找谁撒气。

想到这儿，你瞬间笑出声来——这多像在网上看到的那些幽默故事啊！满脸愤怒的人激情拔剑，誓要与对手一决高下，忽而有风吹过，几片零落的叶子颤巍巍地落下，愤怒的人懵懂地看了一眼，四周空无一人，他只觉一脸茫然。

反差感十足，却也真实无比。这就是李白啊，才气卓绝是真，天真可爱也是真。

所以，在夜郎遇赦后，他曾乘一叶扁舟，雀跃逐流，大呼“轻舟已过万重山”，他的身影牢牢印在了每个人的心上。负重前行如我们这些庸人，也顿觉卸下重负。脱口而出的畅快之感，带一些劫后余生的窃喜，一如苟且偷生的渺小众生被现实压迫得抬不起头来，却依旧手舞足蹈于生命中的微小馈赠。多么容易满足啊！

大约是因为李白从来不曾放弃前进的勇气——即便碰得头破血流，他也要朝着长安前进；即便垂垂老矣，他亦要拖着病躯投军。他虽身是蝼蚁，却依旧有鸿鹄志。所以，他的喜怒哀乐，感染着我们每个人。

枪林弹雨的伤害是真，他无视伤痕，但也从不故作旷达。抱怨、诉苦之后，他也会迎难而上。风雨凄凄霜满楼，呜呼哀哉累如狗，他佝偻上高楼，云起风清一声笑，万事皆休。

目录 CONTENTS

一　少年当歌行

太白星入尘　002

身为异乡客　010

十五好剑术　017

大鹏已振翅　024

仗剑辞亲去　031

二　岁月蹉跎过

入赘相府中 040

西辞黄鹤楼 048

玉真不仙人 053

初下梁园去 062

躬耕桃花岩 069

三　求仕路漫漫

刎颈与子仪 076

有子明月奴 082

舌战众鲁儒 087

少年崔宗之 093

吾爱孟夫子 098

四　曾是翰林人

竹溪世外客　106

敲开盛唐门　112

长安谪仙人　119

天子呼来不上船　126

赐金放还去　136

五　求仙问道去

伟大的相遇　146

永结同行游　153

千金买璧之佳话　162

灵魂始漂泊　168

风起青萍末　175

山河始飘摇　182

六　乱世赋歌终

他们的选择　192

世人皆欲杀　200

轻舟过万山　207

投仕心不灭　214

仙飞天外去　220

谁不忆太白　225

附录

李白生平大事记　231

主要参考书目　245

一 少年当歌行

他是太白入梦而生，他踏神秘月色而来。

门前木子李，花开一树白。

此后，川蜀青天大鹏起，轻轻一笔，写尽世间无数浓墨重彩。

太白星入尘

传说，当长庚星降临人世，芸芸众生便会迎来一场劫难。

武德七年（624年），长安（今西安）发生了一件稀奇事，长庚星连续数日闪耀在朗朗晴空之上。

长庚星，又名太白星、启明星，古语云："日出长庚后。"顾名思义，它是太阳升起前天空最亮的星星，万不会在白天出现。

李淳风[1]得知这个消息后站在太极宫之巅仰望苍穹，但见头顶青天白日，太白星高悬长明，他心中大惊，道："天有异象，必有大变。"

果然，卦象显示"女主当昌"，与此同时，长安民间亦流传出一则传闻，煞有介事地说："唐三世之后，则女主武王代有天下。"

① 李淳风（602—670）：道号黄冠子，岐州雍县（今陕西凤翔）人，唐代天文学家、数学家、易学家。——编者注。后文如无特殊说明，均为编者注。

二十多年后，太宗李世民崩，高宗李治即位，日后成为中国历史上唯一女皇的武则天登上了历史舞台。

风起云涌九天变，大唐王朝也正式开启了它最强盛也最云谲波诡的时代。

此后数年，武则天为后，她参与皇子废立、铲除异己。唐帝国的政权中心旋涡卷涌，风波不断。不同于长安的夜夜笙歌，远在西域的碎叶城平静得宛如世外桃源，入目云卷，坐观云舒，不知今夕是何年。

彼时，李唐王朝的道教推崇者甚多，佛教也同样盛行，僧道们对塞外之地趋之若鹜，与世隔绝的西域绿洲于他们而言不啻天堂，纷纷背着行囊前往。

当风沙卷起又落下，人们跨越崎岖、狭窄的道路后，城池映入眼帘，来人会被当地的富商邀入别院，热情地为其洗尽风尘，端坐高堂，把酒言欢。

有一位富商在当地赫赫有名，大家都叫他李客。

李客不仅家财万贯，还博学好客，无论是名士、僧道还是逃犯、高官，都是他的座上宾。

长安元年（701 年），大唐发生了一件大事，那便是突厥默啜[①]

① 默啜（？—716）：唐时东突厥可汗（691—716 年在位）。姓阿史那氏，名环，称号为默啜，自称“阿波干可汗”。

寇边。李家同样发生了一件大事，李客的妻子月娃[①]，替他生了他的第十二个孩子。

中庭月凉如水，天际明星闪烁。

李客负手在屋前来回踱步，身边婢女、产婆行色匆匆。

古代女人生产向来九死一生，即便李客已经数次当爹，他依旧感到担忧。

犹记昨夜月娃还在替他红袖添香，想不到今日便要临盆，端的是猝不及防。正胡思乱想间，余光中一道明亮的抛物线划下，直直落在堂屋中央，随即，一道婴儿的啼哭划破长空。

“禀告老爷，弄璋之喜。”有人前来道喜。

李客看着襁褓中的婴儿，他不知道这小婴儿有一双明亮的眼睛，那眼不似新生儿所有，目若明星，璀璨非常，用后来李白忠实粉丝魏颢[②]的话说，即“眸子炯然，哆如饿虎”。

此时，李客也并不知道，这个孩子会成为中国诗坛一座难以逾越的高山。他温柔地安抚妻子，月娃虚弱地告诉他：晌午时分小憩

① 引自皮波人物国际名人研究中心编著的《李白（名人传记丛书）》，国际文化出版公司2013年版。——作者注

② 魏颢：又名魏万、魏炎，自号“王屋山人”，曾为李白编纂《李翰林集》，作《李翰林集序》。

时做了个奇怪的梦，梦中太白星明亮异常。彼时，她正在庭院中赏花，那星竟从天上落下，撞到了她的怀里。她受了惊吓，猛地从梦中惊醒，想不到竟动了胎气，提前发动了。

李客忽然想到适才天边的那颗流星，再结合妻子的梦境，不由怀疑这孩子是太白星投胎，当即为其取名“白”，唤“李白”。

关于李白名字的来历，大多认为与这段梦有关。这个故事最早记录于李阳冰[①]为李白所作的《草堂集序》，而李阳冰则是李白族叔。

但坊间也有另一个传闻，说是李白直到七岁都没有正式的名字。

时年春季，百花烂漫，李客诗兴大发，就着满目景致吟出一二句，月娃则补上了第三句，第四句二人皆文思枯竭，小小稚子看着院中李花脱口而出，与父母之句组成一曲《春日绝句》：

春风送暖百花开，迎春绽金它先来。

火烧杏林红霞落，李花怒放一树白。

此句无论意境还是对仗都极佳，尤其可贵的是首字以其姓开篇。

① 李阳冰：字少温，生卒年不详，唐代文学家、书法家。

李客称赞不已，干脆取了诗尾“白”字，为儿子正式赋名“李白”[①]。

第二种说法可信度不高，毕竟李客不可能到七岁还没给孩子起名字，多半系民间谣传。

不管如何，这位史上最伟大的诗人终于拥有了自己的姓名。

太白星白天出现是否代表劫难暂不置可否，但说其预示着惊天之变大约可信。

女皇武则天临朝虽改唐为周，但政通人和，百姓安乐，而得太白星入怀而生的李白同样少年天才，早早便名震乡里。

常言道“三岁看老”，曹冲七岁称象、骆宾王七岁作《咏鹅》，李白这位点亮诗词星空千年的传奇人物自然有着不一般的童年，譬如被写进课本的“铁杵磨成针”的故事相传便是他六岁时的奇遇。

据说，李白小时候读书不认真，时常玩乐，看到一个老婆婆在河边磨铁棒后深受触动，后来便认真刻苦起来，终成一代文豪。

这段来自宋代祝穆《方舆胜览》[②]的逸闻真伪不得辨，甚至有浪

① 引自叶何其《诗词里的中国：李白诗传》，四川天地出版社 2023 年版。——作者注

② 《方舆胜览》：南宋地理总志，此书列地志十七路，以临安府（杭州）为首，分述建置沿革、疆域道里、物产风俗、田赋户口以及关塞险要等，尤于名胜古迹多加记述，故“诗赋序记，所载特备”，历来被广泛引用。祝穆（？—1255）：宋代文学家，少名丙，字伯和，又字和父，著有《古今事文类聚》等。

漫之人认为老太太是太白星所化，前来点拨调皮小儿刻苦读书，好承担起送他来这人世传诗的使命。但从李白恣意一生的洒脱姿态窥视其性，读书于他想必也没有故事所说的艰辛。

风雨五十载后，李白曾在《上安州裴长史书》中回忆往昔，“五岁诵六甲，十岁观百家”，足见少年好学，绝非顽劣之人，想来这段是为杜撰也并非不可能。

不刻板苦读不代表不勤学创作，翻开灿若星河的唐诗集锦，幼年李白的咏物诗赫然在目。

比如《咏萤火》：

雨打灯难灭，风吹色更明。

若飞天上去，定作月边星。

又如《咏石牛》：

此石巍巍活象牛，埋藏是地数千秋。

风吹遍体无毛动，雨打浑身似汗流。

芳草齐眉弗入口，牧童扳角不回头。

自来鼻上无绳索，天地为栏夜不收。

这些诗的创作年代不可考，但从清浅可喜的诗风以及充满童趣的语言来看，大都认为是李白生涯早期所作[①]。而创作地点却众说纷纭，一说在西域碎叶，又一说在昌隆县青莲乡，这便要追溯到李白出生的地方了。

自古传奇多谜题。一如沉鱼落雁的西子，是沉骨西湖还是泛舟海上，无人知晓；一如“千古一帝”秦始皇嬴政，是商人之子抑或质子之后，众说纷纭。

关于李白的出生地同样迷雾层层，西域碎叶是一种说法。

李白逝世的许多年后，李白好友的儿子范传正[②]为他迁墓，在新立的墓碑上留下了关于这位伟大诗人出生地的零星片语：“隋末多难，一房被窜于碎叶，流离散落，隐易姓名。”后来，郭沫若先生据此考证李白出生在中亚的碎叶城，即今吉尔吉斯斯坦的托克马克市附近。

说法当然不止一个，另一种说法认为李白出生在蜀郡绵州昌隆县。

这种说法则来自《新唐书》：“其先隋末以罪徙西域，神龙初，

---

① 《咏石牛》应是后人伪作。

② 范传正：字西老，生卒年不详，曾为李白迁墓并参与撰写其墓志铭《唐左拾遗翰林学士李公新墓碑并序》，其父范伦是李白好友。

遁还，客巴西。”大意指李白的祖先在隋末获罪被流放至西域，直到神龙初年（705 年）才偷偷离开，并客居在四川阆中一带。李白后来便在此地出生。

两种观点各有拥趸，前一种说法更为世人采信。毕竟《新唐书》说李家于神龙初年（705 年）离开西域，而按照李白生卒年考据，此时他已经出生了。但是，前一种说法也没有明确提及李白的出生地，只是陈述李家人曾在碎叶居住。此外，两种说法都提到李家先祖曾获罪被逐，或许笼罩着李白家族的是一团久远的迷雾。

然而，我更愿意相信：李白那种来自灵魂深处的不羁和自由，是来自异域的熏染。他喝着碎叶河的水长大，他在风沙中蹒跚咿呀，他一睁眼便是西域挥洒的落日余晖和灿烂晚霞。

身为异乡客

大漠孤烟，驼铃阵阵，漫漫瀚海静悄无声。

不远处缓缓走来一支驼队，斜阳将骆驼的身影拉长，映着黄沙飞天，寂寞成一曲世外独唱。

为首的骆驼上坐着一位三十多岁的男子，男子四处张望，好像在寻找着什么。

这位男子，便是李客。

自突厥默啜寇边，再度与大唐对立，碎叶一直都不太平。近期，突厥人更是见机占领这座大唐在西域建立的边关小城，小城的汉人们纷纷被迫变卖产业，举家搬迁。

回朝的道路艰辛，不仅要防止迷路，还要防备流寇，众人风尘仆仆，面有菜色，只有一小儿神采奕奕，如初生大鹏，对天上的风雨云雾都充满好奇，这便是李白。

这一路，他们见过干涸的河滩，路过成片的胡杨林，但更多的是无尽的沙漠。行路难，寂寂又漫漫，唯天上明月陪伴左右。小小孩童总是睁着星星般的眸子，坐在驼背上仰望苍穹。他喜欢看云朵变幻成各种形状，但他最喜欢的，还是那轮明月。

他总疑心天上那轮素白是家中吃饭的白玉盘偷偷跑上去变的，又好奇那是不是王母娘娘的瑶台镜飞在青云之端。

古时候的月亮可与我见到的一样？我见到的这个月亮也曾经照耀过很多年前的人吗？

“今人不见古时月，今月曾经照古人”，月的神秘在李白心中埋下一颗种子，此去经年，化成他笔下数次提及的意象。

经高昌（今吐鲁番高昌），过敦煌，曾惑于海市蜃楼的幻影，又为夜色笼罩的沙漠而感到迷惘，最后，一行人停在了陇西秦州（今甘肃天水）的城门口。

眼前行人熙攘，百业林立，一派繁荣，非碎叶可比。李客目光悠远，想起了祖辈临终前遥望远方的暗淡眸子，这里，或许是他们家族的起源地啊。

他多想定居在祖辈待过的地方，只是他们的身份并不容许。

继续往前，一路南去。

众人翻高山、食野味，徒步上蜀道后又过利州（今四川广元），渡嘉陵江，最后终于登上了剑门关。

“一夫当关，万夫莫开！”出狭道后，视野陡然开阔，迎面是亘古无边的风景。脚下崇山连绵，头顶苍鹰盘旋，一瞬间，这一路的风餐露宿都抛诸脑后，眼前、脑中只有这一片壮阔。

这时候，耳边有高旷悠远的川腔小调传来，悠悠回荡在山谷——“蜀道难登咯，比上天还难哟”。

苍凉豪迈的山歌及瑰玮雄阔的景致，如一颗种子在幼年李白的心中埋下，待日后茁壮成长为繁茂巨木，结出诗词的硕果。

公元 705 年末，李家人正式在蜀郡绵州昌隆县（今四川江油）的青莲乡定居。“太白凌空”的武后还政李唐后去世，“太白入怀”的李白才刚刚开启他人生的旅途。

青莲乡是一个山环水抱的好地方，林壑尤美，蔚然深秀，东边是从岷山发源的涪江，西边是涪江的支流盘江，不远处便是大匡山。

灵秀之处往往集天地精华，也孕育杰出之人。小小孩童在巴山楚水间长大，五岁的时候通习六甲，六七岁的时候便能将“五经”和《论语》背得滚瓜烂熟。他喜欢在迢迢星空下遥望，时而又伴着星星、月亮跳起舞来，想象自己是《庄子》里的大鹏、《山海经》里的异兽。

在妹妹月圆和家童丹砂[①]还在玩耍的年纪，他已经能够将思绪腾云化龙，挥洒成浩浩荡荡的灵感付诸纸上。

---

① 引自葛景春著《李白传》，四川文艺出版社 2022 年版。——作者注

如这首《初月》：

玉蟾离海上，白露湿花时。云畔风生爪，沙头水浸眉。

乐哉弦管客，愁杀战征儿。因绝西园赏，临风一咏诗。

似这首《雨后望月》：

四郊阴霭散，开户半蟾生。

万里舒霜合，一条江练横。

出时山眼白，高后海心明。

为惜如团扇，长吟到五更。

此外，又有《对雨》《晓晴》等作，均相传是李白十余岁时所写，多为生活中常见的景致，落其笔下却是趣味横生，宛若草木生出灵魂。

宋代陆游曾言："文章本天成，妙手偶得之。"天才大约便是早早能与天地相通之人，一如小小年纪便可绣口吞吐的李白，奇思汹涌，其聪慧已经不能用言语表达。偶得天成太多，李客喜不自胜，便令下人用草书将李白所作的诗编成横幅，搭上梯子，挂在梁上。

李客常年经商，又好书文雅，院落宅邸别致非常，庭中一树李花更是灼灼其华，竞得春色。

乡人纷纷前来观赏，一来品读梁上诗作，二来观赏李花之一树白。熟识起来，他们便好奇这“异乡客”的来历。李客淡然不语，意似不足为谈。

时间久了，就有人传言，这家人是胡人，趁着神龙政变[①]混入大唐。李客为免被人驱赶，故而迁居到这僻静之所，正好新宅处李树繁茂，他们便为自己寻了“李”这个字做姓。[②]

又有人传言，这家人其实是罪人之后，否则为什么家主李客才华横溢却不去参加科举，而要去经商呢？毕竟，商人在唐代政治地位低下，而且商人的后代都不容许参加科举。大丈夫志当定国安天下，事有异之必有妖。

“春风得意马蹄疾，一日看尽长安花”，孟郊的诗，写尽多少人心中无尽绮丽的一场梦。科举啊，谁不心向往之？

自隋朝分科取士开始，科举是众多文人墨客入仕最主要的途径，尤其是武则天称帝后，为培植自己的势力，广纳贤才，亲自“策问贡人于洛城殿”，更是开殿试先锋，一举将科考推到了无与伦比的地位。后来的唐玄宗同样重视科举，他听从宰相姚崇的建议新

---

① 神龙政变：又称神龙革命、五王政变，指神龙元年（705 年），太子李显、宰相张柬之等大臣在首都洛阳紫微城发动兵变，逼迫女皇帝武则天退位，复辟唐朝的事件。

② 引自《千古风流人物》项目组所著《跨山海：14 位古代诗词偶像的真实人生》，大象出版社、河南教育电子音像出版社 2022 年版。——作者注

设翰林院，通过科举选拔的人才可直接进入翰林院，这一度是士大夫毕生的理想。

只是，即便广而推之却也不是所有人都可尝试，“刑家之子”“工贾异类”便被排除在科考之外。也就是说，罪人家的孩子，以及经商、小吏等低端产业的人，是不能参加科举考试的。而李白，一生都未参加过科考。

或许有人会说，兴许“谪仙人”李白根本看不上科考，毕竟是杜子美眼中“天子呼来不上船”之人，不屑亦是自然。

从李白写的《送杨少府赴选》中的“我非弹冠者，感别但开襟”及《同吴王送杜秀芝赴举入京》中的“欲折一枝桂，还来雁沼前”等可见，李白并无瞧不起科考之意，甚至对能走这条路的人还有艳羡之意，更别说他最爱的孟夫子（孟浩然）以及好友杜甫等人均参加过科举考试。

所以，几乎可以判断，李白参加科举这条路大约是走不通的。翻遍史书，并无李白不第的记载，所以答案呼之欲出，应该是根本不能考吧。其父李客同样才华横溢，同样未有任何科考记录流传于世，想来亦是不能考的。

三教九流，士农工商，商人一直是最下等的，能够放弃其他营生去经商，极大概率是无奈之举。

《新唐书》说李白是南北朝十六国时凉武昭王李暠的后代，李白自己也曾在《赠张相镐二首》中写下过“本家陇西人，先为汉边将”语，自称是西汉飞将军李广的后裔、李暠的九世孙。

这个说法要存疑。

据《彰明逸事》[1]载，李白十四岁那年还曾受邀去彰明县当过小吏。此事约莫也可佐证李白不能参加科举一事属实，毕竟“吏”也属“工贾异类”，若非无缘科举，断不会贸然加入，自毁前途。

通过零星记载的拼凑，后人猜测李白同唐室有着共同的先祖，但后来唐高祖李渊这一支崛起，李白祖上却犯了事，以至于“一房被窜”，流放至西域碎叶一带。

为了生计，李客只能改名易姓做起了生意，直到后来离开西域才将姓改回来，“客”可能也不是真名，而是客居之意。也有人认为，李白是太子李建成之玄孙，他身上的宗室血脉是他这一生汲汲功名最根本的原因。[2]

往事不可忆，来者犹可追。无论如何，这位往后令无数当世及后世者痴之若狂的大唐谪仙，即将落下他的笔，只待诗成，便一举惊人间风雨，泣天地鬼神！

---

① 据四川江油的《彰明县志》记载，宋人杨天惠编写的《彰明逸事》收录了多则关于李白的传说故事。

② 引自皮波人物国际名人研究中心编著的《李白（名人传记丛书）》，国际文化出版公司 2013 年版。——作者注

十五好剑术

“还顾望旧乡，长路漫浩浩”，从西域到内地，李白走了数月，李客盼了几十年。

终于，李客回到了那片魂牵梦绕的地方。在这里，李白度过了他的少年时代，紫云山上的月光氤氲着诗意，迢迢汉江养育他成长，而染红大山的杜鹃花熏陶了他张狂的才气。

都说一方水土养一方人，每个城市都有其自身的气质，也无形中影响着城市中的人。如果说碎叶给了李白苍凉雄壮的灵魂，那蜀地则是他此后一生行为性情及诗风文色的写照。

川渝多奇景，蒙蒙烟雨中，山翠水柔，钟灵毓秀，诞生了无数传奇。令李白心向往之的诸葛孔明，让李白崇拜有加的司马相如，以及与李白有着相似的人生际遇的陈子昂，都是此间之人。

十年后，李白也将离开这里；千百年后，他会成为这里的另一段传奇。

而现在，他正埋首在浩瀚的学海中，透过厚重的纸张触碰古老的灵魂。

从五岁到十五岁这十年间，他读过很多书，或许是因为父亲的影响深远，李白曾在《秋于敬亭送从侄耑游庐山序》中回忆过年少往事："余小时，大人令诵《子虚赋》，私心慕之。"看多了，便学着写，天分使然，外加书香熏染，"十五观奇书，作赋凌相如"，十五岁时便已经能写出不亚于司马相如的赋了。

除了作赋还写诗，如《对雨》：

卷帘聊举目，露湿草绵绵。

古岫披云毳，空庭织碎烟。

水红愁不起，风线重难牵。

尽日扶犁叟，往来江树前。

风重难牵，细雨如烟——独属少年的奇思已然初见日后仙人狂想的雏形。

《唐诗纪事》引用过宋人杨天惠在《彰明逸事》中对这首诗做出的评价："虽颇体弱，然短羽褵褷，已有凤雏态。"赞誉颇高。

除了观奇书、作诗赋，李白在十五岁这一年还干了很多事：

“十五游神仙，仙游未曾歇。”

“十五好剑术，遍干诸侯。”

“游神仙”是指修道家之术，“好剑术”是指学防身武艺。

十五岁，是李白多次提及的一年，也是影响李白此后一生的一年。

或许是年少跋涉，见过太多奇侠影踪，因此在李白心中留下了仗剑天涯的梦。

那一年的秋天，李白离开了青莲乡，背上行囊来到了大匡山脚下的大明寺，并在这里度过了近十年的求学生涯。

大明寺清泉流石、明月照松，是读书学习的最佳去处。他遍观《诗经》《楚辞》，也数次耳闻蜀川大地留下的许多关于道家仙翁的传说。有一次，他穿过重重迷雾，竟然遇到了一位道士。道士仙风道骨，不似红尘中人，李白以为遇到了神仙——他说他叫雍尊师。

两人相谈甚欢，光阴流逝而不知，有《寻雍尊师隐居》：

群峭碧摩天，逍遥不记年。

拨云寻古道，倚石听流泉。

花暖青牛卧，松高白鹤眠。

语来江色暮，独自下寒烟。

山上一天，人间一年，不知不觉已是日暮时分，李白流连忘返，一步三回头，待原路返回后天色已暗，再回首，只见雾气浓重、树影幢幢，恍然如已过百年身。

后来，他便彻底迷上了道术，数次寻找仙人，不果。对此，有《访戴天山道士不遇》：

犬吠水声中，桃花带露浓。

树深时见鹿，溪午不闻钟。

野竹分青霭，飞泉挂碧峰。

无人知所去，愁倚两三松。

桃花带雨，林深见鹿，怅然寻者不知神仙归处。就这样，又过了三年。

十八岁的李白听说梓州（今四川三台）长平山住着一位隐士，他擅剑术，通纵横，视功名如粪土，玄宗多次征召都推辞不就。这对李白有着极大的诱惑力，李白也想如他那般盛名远传，被上位者欣赏，得伯乐之邀。于是，李白慕名拜访。从大匡山到长平山，山路遥远，少年却不惧艰辛，终于感动赵蕤[①]，成了他的门徒。

① 赵蕤（约 659—742）：字太宾，唐代道家与纵横家。著有《长短经》。赵蕤和李白号称“蜀中二杰”，以“赵蕤术数，李白文章”并称。

在这里，他同赵蕤学习了剑术、道术、纵横术。

书中自有黄金屋，历史上那些伟大的先贤一个个变得鲜活起来，成了与他席地而坐、侃侃而谈的知己。高山流水，志趣相投。他想像他们一样，谈笑间建立不朽功业，挥手间名震天下。

渐渐地，李白发现赵蕤并不是一个超然物外的人，他心怀苍生，一如他所作《长短经》，回顾春秋往事，探索时代命脉，“论王霸机权，正变长短之术”，以史为镜，对统治者的施政策略提出议论。

从最初建功立业的自我要求，到而今济世安民的博大情怀，这也奠定了李白日后政治抱负的基础。

纵横术，合纵连横，兵不血刃就使六国之交灰飞烟灭。

这个鬼谷子创立的学说，讲究纵观全局、以三寸不烂之舌搅动乾坤，苏秦和张仪便是凭此名震战国，睥睨群王的。诸葛亮《隆中对》、郭嘉《十胜论》亦是纵横术运用的典范。

赵蕤精通纵横术，并倾囊授予李白，为他此后“遍干诸侯”“历抵卿相”的从仕经历指了一条明路。

纵横术对李白影响深远，风雨几十年后，他在《鞠歌行》中对于被排挤一事慷慨激昂。“秦穆五羊皮，买死百里奚”，无处不是纵横家之遗风。

除了纵横术，赵蕤的剑术也是一绝。

据魏颢在《李翰林集序》中记载的“少任侠，手刃数人”，可见李白少年时代便能斩敌，还能以一己之力对抗流氓。关于这点，李白后来在《叙旧赠江阳宰陆调》中提及“我昔斗鸡徒，连延五陵豪”，讲的便是他与京中流氓决斗的经历，这些五陵少年应该有北门禁军做后台，李白一度被他们拘执在军中，好在后来被朋友陆调以监察官的身份营救出来。

此外，李白在《赠从兄襄阳少府皓》中说自己“托身白刃里，杀人红尘中”，更为知名的诗句是《侠客行》中的“十步杀一人，千里不留行”，有无艺术化加工姑且不论，但想来剑术是不会差的，否则不会如此以此为傲，反复提及。

后来有人传言，说李白是剑圣裴旻[①]的徒弟，还有人说李白的剑术不比裴旻差，无论如何，能和大唐第一剑客裴旻相提并论，可见其技高超。

赵蕤作为他的启蒙老师，显然功不可没。但道家对李白影响较大的却不是赵蕤，而是一位叫东岩子的道士。

蜀地因其得天独厚的地理环境，自古便是道教发源地，李白师

① 裴旻：生卒年不详，出身于河东裴氏，大致生活于唐玄宗时期，以剑舞闻名，传说李白曾向他学剑。

从赵蕤后，常年往来于大匡山及长平山之间。

一日，他途经岷山，邂逅了道士东岩子，两人一拍即合，隐居在岷山谈经论道——独精神之往来，能与天地通。

在和东岩子离群索居期间，李白读书、练剑，日复一日，不知今夕是何年。山中多鸟兽，每次李白坐在林木间，鸟鸣围绕左右，人鸟同伴，沐晨曦朝露，赏暮后霞光。时间久了，李白竟然发现一件神奇的事情——鸟儿能听懂他说话。

“养奇禽千计，呼皆就掌取食，了无惊猜”，在这首《上安州裴长史书》中，李白提到了这件神奇的事情。

或许是鸟通人性，也有可能因为李白是天上谪仙，能号令百鸟！这事儿一传十，十传百，很快传到了当地太守的耳中。

太守认为李白会道术，推荐他去参加道科的会试。

道科会试也是科举的一种，而李白是不能参加科举的。为此，他只能婉拒。当然，有人说李白并不愿意通过科举这种普通方式入仕，而是想效习纵横家张仪和苏秦，通过伯乐举荐入仕。

燕雀不知鸿鹄志，或许有这个可能吧，毕竟一种是毛遂自荐，一种是愿者上钩。少年李白一身志气，不屑亦有可能。此事后，李白便不再隐居深山，而是选择开始漫游，大鹏展开了它的翅膀！

大鹏已振翅

丞相祠堂何处寻，锦官城外柏森森。

四十年后，一位叫作杜子美的诗人结束了他为时四年的颠沛流离的生活，定居成都浣花溪畔。他站在诸葛武侯祠前，写下了一首感人肺腑的千古绝唱。

四十年前，他毕生的偶像，时年十九岁的李白，正意气风发地踏入锦官城城门。

成都自古便有“天府之国”的称号，其景山川秀丽，其地物产富饶，织锦等手工业更是发达，蜀绣之精而美如山河引针自绣，故成都也称锦城。

一个春日，朝曦刚刚照亮花上的水露，街上的酒肆还没有客人，小贩搭着毛巾大汗淋漓地擦着桌面，不远处的店铺冒着热气，满目都是人间烟火气息。

忽然，一道年轻的身影打破了这份宁静。

“请问散花楼怎么走？”老板抬手指去，适才还隐了一半在地平线的太阳彻底跳了出来，洒给大地一片金光。万丈光芒下，似有天女从天上将花散下，群花凝聚，汇成一座楼阁。

那楼耸入云层，窗棂被朝霞镀上一层金色，门上的彩绘如被天人织就的华丽锦绣，门帘是由珍珠做成的，一串串挂在银色的帘钩上，光彩夺目。

李白看痴了，胸中诗意澎湃，提笔写就《登锦城散花楼》：

日照锦城头，朝光散花楼。

金窗夹绣户，珠箔悬银钩。

飞梯绿云中，极目散我忧。

暮雨向三峡，春江绕双流。

今来一登望，如上九天游。

宋末时，由于蒙古军队的入侵，散花楼被毁去，此后漫漫时光中再未得见天日。可是，因为李白这句浪漫飘逸的“如上九天游”，散花楼永永远远地活在了后人心中。

开元九年（721 年），朝堂上发生了一件了不得的大事，唐玄宗迎上清派茅山宗第十二位传人司马承祯[①]到皇宫亲受法箓，成为道家皇帝。

同年，著名文士苏颋[②]成为益州长史，而他是李白开启干谒经历的第一站。

很多年以后，人们都以为李白和苏颋的这段交往浪漫如“金风玉露一相逢，便胜却人间无数”，可实际上却是“白于路中投刺”。也就是说，李白蹲在大路边等了很久，终于等到从马车上下来的苏颋，而后赶紧掏出随身携带的小纸条（相当于现代的名片）递过去，这才毛遂自荐成功。

苏颋生于宰相世家，“五岁便措意于文”，同李白一样少年天才，两位有着相同气质的人一见如故，相谈甚欢。

李白很喜欢司马相如的《上林赋》和《子虚赋》，也希望效仿相如能够凭一首诗赋打动上位者，找到入仕之路。于是，他写了一首同《上林赋》《子虚赋》如出一辙的《大猎赋》，这首赋辞藻华丽，行文浪漫，通篇引经据典，以排山倒海的气势歌颂了君王狩猎的英姿及唐朝国力的盛强。在这首赋的最后，李白以道教玄理收尾，迎

---

① 司马承祯（647 或 655—735）：字子微，法号道隐，自号白云子，唐朝道士，李白好友。

② 苏颋（670—727）：字廷硕，唐初政治家、文学家。

合了玄宗的喜好。可以说，这是一篇专门为玄宗定制的文章。

苏颋对《大猎赋》推崇有加，盛赞李白："此子天才英丽，下笔不休。虽风力未成，且见专车之骨。若广之以学，可以相如比肩也。"他认为，李白的文辞不在相如之下，而眼前人少年英才，不过弱冠之龄，假以时日必更胜相如一筹。

他们二人的人生之路并不相同，苏颋循规蹈矩，而李白轻狂不羁，但灵魂深处的共鸣却让他们惺惺相惜。苏颋影响了李白的政治抱负，让他将辅弼君主作为明确的政治目标，后来李白在《代寿山答孟少府移文书》中说："申管、晏之谈，谋帝王之术。"足见其志向之远大。

分别时，苏颋建议李白再回去苦读几年。意气风发的年轻人将这个建议放在心上，但他游兴未减，打算再游历一段时间。

李白一路南下，很快到达蜀中仙山峨眉。

峨眉山沟壑幽深，群峰险峻，不负"绝怪"之名，在大自然的鬼斧神工面前，李白只觉高山多雄阔，而他之于山大约恰如烟尘。入目紫烟萦绕，茫茫中让人忘却红尘。

《搜神记》和《列仙传》中说，葛由[1]在峨眉山西南得道，李白

① 葛由：传说中的仙人，好刻木作羊，后入绥山，终身不复出。

沿绥山桃林而去，那里落红缤纷，好像藏着仙人，李白四处寻找，却始终没有寻到仙人影踪。

寻仙不遇让李白多了几分怅然，低落的情绪蔓延，不久前得苏颋赞誉的兴奋如夏日风雨说散就散。上面怎么还没来消息呢？也不知道《大猎赋》会不会受到重视。

在这种患得患失的心情中，李白写下了《登峨眉山》。“云间吟琼箫，石上弄宝瑟。”他在云间吹玉箫，他在石上弹宝瑟，他唏嘘感叹，要是真能遇到骑着羊的仙人就好了，如果真能遇到，他就同仙人携手逐日，再也不去想那功名利禄的事情了！

不过，李白终归是李白，低落的情绪转瞬即逝，写完这首诗的他振奋起来，出发由峨眉山往东，不久抵达渝州，也就是如今的重庆。

在那里，他见到了渝州太守李邕[①]。

李邕是著名《文选》注家李善的儿子，也是少年成名的英才，人称“李北海”。传闻，李邕是个“拯孤恤穷，救乏赈惠”“重义爱士”之人，听说前不久还接济过一位叫作杜甫的落魄少年[②]，也曾邀请过诗名远扬的崔颢去他的家中做客。李白自诩才华盖世，不在这二人之下，自信想必能得到李邕的垂青。于是，他兴冲冲地拿着苏

---

① 李邕（678—747）：人称李北海，字泰和，唐代书法家。

② 引用自宋红所著《杜甫游踪考察记》，人民文学出版社 2020 年版。

颋的推荐信去拜见李邕。

出乎意料的是，李邕并不喜欢他。

那个年代，李邕的名声才气并不在李白之下，他年轻的时候对武则天都毫无惧意，颇具绿林气，后来年过半百依旧声如洪钟，中气十足。[①]这样的人，料想便是性情中人。事实上也确实如此，他除了爱才，也有“险躁”及“自矜自肆”的一面，这一面碰上李白的不拘俗礼和胆大自负，必然是生不起什么火花的。

对于李邕的轻视，李白没有自怨自艾，而是不甘示弱地写了首《上李邕》回敬：

大鹏一日同风起，扶摇直上九万里。

假令风歇时下来，犹能簸却沧溟水。

时人见我恒殊调，闻余大言皆冷笑。

宣父犹能畏后生，丈夫未可轻年少。

全诗锋芒毕露，皆是少年意气及对权贵的蔑视，恰如大鹏展开了翅膀，只待风起，便能叱咤东海，翱翔九天！

---

① 引自刘小川所著《品中国文人 2》，上海文艺出版社 2008 年版。

这是很多人耳熟能详的一首诗，尤其是“大鹏一日同风起，扶摇直上九万里”，霸气侧漏，唤起无数读者心底最深的澎湃。在这里，庄子笔下象征逍遥的大鹏成了叱咤红尘的存在，由“出世”到“入世”的意象转变，这也是李白心境的写照。

不过，虽然他笃定了要入世的心，但当下的打击让他反思了自己，最后决定听从苏颋的话，继续回大匡山广之以学，博览深造。

这一年的冬天，二十一岁的李白重新回到了大匡山，他在《冬日归旧山》中完整记录了这一路的历程。“白犬离村吠，苍苔壁上生。”大匡山依旧是记忆中的模样，即便冬日萧瑟，依然不改生机。这一路，他跨过山间小路上的青藤，迎着万点雪峰下的日光，站在了旧居前。

他静静站了一会儿，注视着记忆中的老朋友，而后打开破败的门。“吱呀”的声响惊到了屋内的野生动物们，室内一阵躁动，之后又回归长久的寂静。

李白洗干净砚台，擦净书桌，又开始了孤独而漫长的读书时光。

这一读，就是三年。

仗剑辞亲去

当春天再度来临，学有所成的李白决定出蜀远游。

他背着一把剑和一些行李，看了一眼生机盎然的大匡山，然后头也不回地离开了这里。

可谁都没想到，此去经年，往后余生他再也没回过这里。所有与大匡山的故事，大概都留在了这首《别匡山》里：

晓峰如画碧参差，藤影摇风拂槛垂。
野径来多将犬伴，人间归晚带樵随。
看云客倚啼猿树，洗钵僧临失鹤池。
莫怪无心恋清境，已将书剑许明时。

曾经相伴过的鸟儿去哪儿了呢？如年少时光不复回，早已偷偷从指缝间溜走了。

这一年的春天，二十四岁的李白顺应少年时代的梦，成为一名四海为家的游侠。他沿着四年前的足迹从江油一路南下，经过成都，再到达峨眉山。他在这里待了几个月，并没有遇见传说中的神仙。

最后，在一个明月高悬的秋日夜晚，他决定去渝州，并写下这首《峨眉山月歌》：

峨眉山月半轮秋，影入平羌江水流。

夜发清溪向三峡，思君不见下渝州。

峨眉山的月高高地挂在山头，月的影子钻入了平羌水流，今夜我就要从清溪去三峡了，到渝州再无故乡明月，我该多么想念你啊。

短短四句诗，用了五个地名，地域与诗境相融，徐徐展开了一轴千里蜀江图。

写完这首诗，李白跳上小舟，一路顺水而下，而后到了渝州。

在那里，他见到了与丈夫依依惜别的巴女——疾驰的小舟已经随波远去，巴女还在江边痴痴地守着。

同样别离的李白有感而发，作《巴女词》如下：

巴水急如箭，巴船去若飞。

十月三千里，郎行几岁归。

巴蜀盛产民歌，李白长居山寺，行文颇得民歌遗风，这首五言绝句便是如此。今后在他继续漫游的过程中还创造了很多类似的作品，如行至荆州的《荆州歌》，行至越中的《越女词》，行至襄中的《襄阳歌》等。这些作品大多描摹底层普通人的生活，泱泱盛世，不仅有大唐歌飞，也有巴女低啜。李白一路走来，未见花上云端，便先目睹花落泥土。

大鹏高飞，腾空而上，第一眼见到的不是彩云，而是苍生。

这一年冬天，行至三峡的李白被告知船不通航，他只能滞留在巫山万县一带，并在那里度过了整个冬天。当春回大地，离家一年的李白认识了一位同样有着仗剑天涯之梦的好友，两人结伴去巴东。

这位好友，叫吴指南。

离开时正是阳春三月，灼灼桃花盛开，飘零的红叶洒满了瞿塘的水面，他们留下一首《宿巫山下》，之后在细雨霏霏中离开了巫山。

离开前一夜，李白和吴指南并着此起彼伏的猿声在巫山凭吊宋玉："高丘怀宋玉，访古一沾裳。"想着宋玉凭一手好文章得楚王赏识，二人终于按捺不住，不忍辜负时光，欲奔前途伺机而动。

疾风过雨，路向南方，两人最终决定在这最美的人间三月天离开。

沿着三峡泛舟湖上，他们在孟春时节到达荆门山。

眼前江水奔涌，此间令李白心中充满万丈豪情。可过荆门后，一轮明月飞来水中，久别的思乡之情如潮水席卷，李白落笔而就《渡荆门送别》：

渡远荆门外，来从楚国游。

山随平野尽，江入大荒流。

月下飞天镜，云生结海楼。

仍怜故乡水，万里送行舟。

漂泊四海的人，如风筝随风飞远，可永远有一条线牵着他辗转反侧，那条线的名字叫作故乡。

这一路，李白看遍人世百态，又效仿当地民歌之风写下《荆州歌》：

白帝城边足风波，

瞿塘五月谁敢过？

荆州麦熟茧成蛾，

缲丝忆君头绪多。

拨谷飞鸣奈妾何？

人间五月正是丰收时节，荆州的麦子熟了，蚕茧也长成蛾子，家家户户都在忙碌。就是这样的场景下，李白偶遇了一位农妇。她边忙着缫丝，边思念远在外地的丈夫。她或许在担心丈夫劳作辛苦，或许在挂念丈夫归来路远，诗中没说，只留一味余情让后人感悟。

旅途辛苦，一路雨打风吹去，吴指南猝然生病，李白担忧不已，但他没时间细想，很快便到了江陵。

在这里，他遇到了著名的道士司马承祯。

司马承祯是上清派茅山宗第十二代宗师，同时也是一位帝王师。他曾为唐玄宗传授法箓，并于翌年在洛阳随驾玄宗左右。只是，他虽然有着高深的道术，却无心官场，在开元十一年（723 年）辞别官场，回天台山隐居。

回程的途中，他遇到了白衣吟诗的李白，一句“有仙风道骨，可与神游八极之表”让他惊艳不已，大加赞赏。同样的追求，让他们一见如故，他们在笔下畅谈，很快将彼此引为知音。

司马承祯虽是道家中人，但好文作诗，后人将其与陈子昂、李白、王维等人一起称为“仙宗十友”。他的称赞令李白激动不已，当即挥洒狼毫，作赋一首，是为《大鹏赋（并序）》。

在这首赋中，李白将自己比为大鹏，将司马承祯比作“希有鸟”，他不屑蓬莱岛上养尊处优的黄鹄——“岂比夫蓬莱之黄鹄，夸金衣与菊裳”，也鄙薄苍梧山上华而不实的凤凰——“耻苍梧之玄凤，耀彩质与锦章”，唯独对“以恍惚为巢，以虚无为场”的“希有鸟”欣赏不已，欲与之共“登于寥廓”。

远游的青年已辞亲一年有余，前途之事依旧渺茫，司马承祯的路给他指了一条明途，那便是通过道教让上位者看到自己。赋中翱翔九天当然不仅仅是踏遍山河，更有指点江山的豪情在。人生兜转，无非他视若珍宝的东西你弃如敝屣，你心心念念的地方他只想离去，司马承祯不能承受之重于现下的李白来说，正是心向往之之地。

他一扫迷茫，这一刻对未来的希冀化诸笔下这篇潮涌江流的《大鹏赋（并序）》。此赋一举成名，将司马承祯彻底折服。两人吟诗作对，山寺寻仙，“五岳寻仙不辞远，一生好入名山游”，可见司马承祯对李白影响深远。

此后漫游，李白访遍群山，他想看五岳的每一片云雾，只为寻找仙踪遗影。

不久后，载兴而归的两人就此分别，司马承祯去了云蒸雾绕的天台山玉霄峰，而李白也开启了下一段旅程。

这时候的李白可能从来没想到，这次会面是他和司马承祯唯一一次会面，数年后同好友杜甫、高适再寻旧人时，旧人已然乘仙鹤远去。

怀揣着对未来的无尽向往，李白和吴指南沿着长江抵达了江夏。

汉水滔滔，裹挟思念而来，也不知道蜀地的老朋友过得好不好。他揣着这份惦念入梦，梦醒后满腔情感化为澎湃的诗意，落笔《江上寄巴东故人》：

汉水波浪远，巫山云雨飞。
东风吹客梦，西落此中时。
觉后思白帝，佳人与我违。
瞿塘饶贾客，音信莫令稀。

离开前，他从未想过，家乡习以为常的一草一木，如今竟如空气如影随形，令他念念不忘、刻骨铭心。

人之所以不同于草木，大约便是有情感，这份共同的情怀让诗人抬头可听圣言，俯身亦能感苍生。所以，在江夏遇见那位为情所困的女子，他才能有如此感慨，不吝笔墨，洋洋洒洒写了一篇《江夏行》。

这首长诗有近两百字，将正值青春的女子委身商贾后独守空房的寂寞写得淋漓尽致。

人生何处不别离，所以，才更要珍惜身边之人啊。

可是，这一年夏天，陪伴李白一年多时光的吴指南——那个沉默寡言的好友，病逝了。

他说他想看遍江夏，他便拖着病重的身体陪他从赤壁到黄鹤楼，最后溘然长逝于明净清幽的洞庭湖前。

昨日之日不可留，沉默如他，高歌如他，终是今日之日多烦忧。

人生如逆旅，众生皆行人，年轻时总觉得日子很慢，终点很远，意气风发之时可能从未想过，很多人和事就此一别便再不得见了。

二 岁月蹉跎过

大鹏同风起，翱翔四海内。
他看过直下飞流，他驶过两岸青山；
他在金陵写两小无猜，他在广陵看床前明月。
烟花三月后，故人西辞去，
终南别馆下，贵人无踪影。
长相思里有长安，长安如花隔云端。
大道不得出，行路难，难于上青天。
归去罢，不如归去。

入赘相府中

底事随云雨，烟波使人愁。吴指南的逝去给了李白很大的打击，以至于他很久都没提起过这个人，没人知道那个一直跟着他的沉默青年为什么忽然不见了。

直至四年后，被洞庭湖的风撕裂的伤口在江夏的流水冲刷下缓缓恢复知觉，阵阵剧痛传来，他才将那段往事在《上安州裴长史书》中诉诸笔端：

> 指南死于洞庭之上，白禫服恸哭，若丧天伦。炎月伏尸，泣尽而继之以血。行路闻者，悉皆伤心。猛虎前临，坚守不动。

那个寻常的夏日夜晚，星子在天上寂寞地眨着眼睛，他抱着好友的尸体痛哭，行人闻之也纷纷落泪。周围有猛虎出没，他为了不让朋友的尸体被野兽吞噬，一直持剑守护。后来，他将吴指南葬在洞庭湖畔。

四年后，他返回故地，将吴指南的尸骨洗刷干净，一路背回他的家乡。

新墓如初死，魂已四年身。当李白站在吴指南坟前的那一刻，这个与他萍水相逢的小友，终于落叶归根。

吴指南的死亡让初出茅庐的李白初尝人生残酷，猝然别离的痛苦铺就了青年人生尽欢的底色。金樽对月，持壶把酒，说不定哪天一切就都成了一场空，不若纵情当下。

那一刻的李白决定轰轰烈烈地活一场。

他从洞庭湖前起身，仗剑远去，先从岳州（今湖南岳阳）重返荆门，又从荆门抵达浔阳（今江西九江），最后到达庐山。

在庐山，他看着飞流直下的瀑布，胸中似有万千丘壑，激起无数的欲说还休，提笔得《望庐山瀑布》两首（此选其二）：

日照香炉生紫烟，遥看瀑布挂前川。

飞流直下三千尺，疑是银河落九天。

在他笔下，这壮阔的飞瀑如银河自九天落下，气势如虹，无人可挡。

从庐山出来，他往东沿着长江顺流而下，远远地便看到两片相对的山峰矗立于天地之间，像一扇门开在中央，将滔滔江水以抽刀断水的气势拦在门外。

他极目远望，写下了《望天门山》：

天门中断楚江开，碧水东流至此回。

两岸青山相对出，孤帆一片日边来。

江水浩荡，在狭窄山道中九曲连环，波涛几度起，扁舟起落弄浪。

李白扬起孤帆，伴着开阔的天际破风而去，胸中扬起万丈豪情。

这一年秋天，他来到了金陵（今南京）。

“六朝金粉地，金陵帝王州”，这座六朝古都曾聚天下王霸之气，又因载文人骚客几多失意而多了落寞的柔情。李白以为他跟那些落魄文人肯定不同，他必将宏图大展，是以踌躇满志，却不想初出茅庐却折戟碰壁。

倒也不是无人赏识，而是显贵们都忙着筹备唐玄宗的“泰山封禅”大典，根本无人顾及他。求告无门的青年便在金陵四处游历，他逐流而下，到了长干里一带。在这里，入目劳作的皆是女流，少见男子。李白不明所以，好奇地同船家女打听。

船家女告诉他，这里的人傍水而生，也顺水而走，男子常年外出经商，留待女子操持家务。

“奴家夫君，也去瞿塘峡经商了。”船家女说完掩面垂泣。

李白听了她的故事，深受触动，写了《长干行》二首。有人认为其二是李益所作，也有人认为是张潮所作，此选其一：

妾发初覆额，折花门前剧。

郎骑竹马来，绕床弄青梅。

同居长干里，两小无嫌猜。

十四为君妇，羞颜未尝开。

低头向暗壁，千唤不一回。

十五始展眉，愿同尘与灰。

常存抱柱信，岂上望夫台。

十六君远行，瞿塘滟滪堆。

五月不可触，猿声天上哀。

门前迟行迹，一一生绿苔。

苔深不能扫，落叶秋风早。

八月蝴蝶来，双飞西园草。

感此伤妾心，坐愁红颜老。

早晚下三巴，预将书报家。

相迎不道远，直至长风沙。

童年时一起玩乐，成年后彼此相守，成语“两小无猜”即来自于此。说好不相离，至白首，可承诺之于生计不过轻若鸿毛，谁都得为活着用尽全力啊！每次雨打风吹去，船家女都捧心在船头：他是否遇险？是否辛劳？是否君心依旧？

船家女泪垂满襟，使李白也感同身受，挥袖泪横流。他胸怀壮阔，自诩男儿四海为家，此刻却感悟到原地守候之人的另一种伟大。

后来，他笔下还出现过很多女子，比如主人公勇敢追爱的《杨叛儿》，又比如主人公青眉如黛的《对酒》。

无关爱情，他和这些女子于彼此间不过波心投射的云，是短暂交会后又各奔东西的偶然，各有各的方向。李白独自凭吊过白杨十字巷，又结伴远眺了万里长江，当春回大地，他决定暂别金陵。

他在金陵虽无建树，斗酒十千时却认识了一众好友，众人听说他即将离别远去，前来送行。李白这一生经历过很多送别的场景，也送别过很多人。或许，所谓人生就是在一场场别离后继续前走，他掩去浓浓不舍，留下一首《金陵酒肆留别》，去了广陵（今扬州）。

这里有隋炀帝最爱的杨柳阡陌，但并没有李白寻找的机会，他度过一年的悠闲时光，同时留下了“曩昔东游维扬，不逾一年，散金三十余万，有落魄公子，悉皆济之”的壮举，而后又留一首《广陵赠别》便去了姑苏（今苏州）。

他在姑苏城上远眺，寂寞过，热闹过，周遭好友来去，他独自倚栏凭吊。都说姑苏台是夫差和西子纵情歌舞之地，可而今人去楼空，一如他无法施展的抱负。他去过镇江，到了杭州，游过越中（今绍兴），登上天台山，于这一年的秋天重返扬州。

重回旧地，他恣意地在落花纷飞中骑银鞍白马而过，他高歌着出入林海酒肆，纵情声乐，他还写下过两首意气风发的《少年行》。可这种欢乐并不长久，如引吭高歌至最高处的哑然跌落。

这一年深秋，李白生病了。对旧人的思念如潮水般涌来，他在病床前提笔给赵蕤写《淮南卧病书怀寄蜀中赵征君蕤》，抬头，一束月光静静落在床头，像冷霜撒在地上，对家乡的情思在这一刻如平地风起，将他破落的内心吹得满室寂寥。

于是，便有了这首伟大的《静夜思》：

床前明月光，疑是地上霜。

举头望明月，低头思故乡。

时光匆匆，一转眼，他已经离家两年多了啊。

可是，他依旧一事无成呢。

在最困难的时候，好友孟少府[①]推荐李白去安陆投奔他的故交马正会[②]。李白正好想看看《子虚赋》中的云梦泽，便欣然前往。

于是，这一年的冬天，穷困潦倒的李白离开了扬州，沿河北上至陈州。途中囊下羞涩，李白甚至打算卖掉家传宝剑和新制的鹔鹴裘衣，但正是当年那位曾经轻待他的李邕，听闻后遣人送来了银两，这才解了李白的燃眉之急。人心浩浩，我们于彼此从来不是非黑即白。[③]

到襄州（今湖北襄阳）的时候，李白拜访了他仰慕已久的孟浩然。

彼时孟浩然仕途失意，已经在襄州城的岘山隐居很久了。

他和年轻时的孟浩然都曾仗剑天涯，可孟浩然选择了归隐田园，他还在四处游荡。孟浩然比他大十二岁，他们如此相似，却又彼此不同。李白选了孟浩然没走的路，孟浩然走进了李白年少时

① 孟少府：孟姓县尉，事迹不详。少府，对县尉的尊称。

② 马正会：生卒年不详，岐州扶风（今陕西凤翔）人，唐朝宰相。

③ 引戴俊雅所著《李白诗传：花间一壶酒》，长江文艺出版社 2019 年版。——作者注

的梦。

两人把酒言欢，像极了高山流水遇知音的伯牙和子期，李白在此期间写有《襄阳曲》四首。之后，两人依依惜别，李白不舍地抵达了安陆。

初来安陆不久，他遇到了在蜀中结识的好友元丹丘[①]，元丹丘是胡紫阳[②]的徒弟，与李白欲投奔的马正会也是故交。这两个人很喜欢李白，在一次宴会上，两人生了给李白做媒的心思。这个他们一致看中的女子，便是唐高宗时期担任宰相的许圉师[③]的孙女。

虽然有一点不太好，那就是需要李白入赘，但漂泊零落、身似孤鸿的青年，终于有了自己的家。

---

① 元丹丘：又名丹丘生，生卒年不详，唐朝道士，擅诗文，与李白交往甚密，二人多有诗歌往来，《李太白全集》中写给他的诗多达 11 首。

② 胡紫阳（约 680—742）：时称紫阳真人，俗家姓胡。

③ 许圉师（？—679）：唐朝大臣，擅书法。

西辞黄鹤楼

在安陆，许家可谓是无人不知、无人不晓。

许圉师不仅是进士出身，还于唐高宗时期一路官至宰相。可以说，许家是典型的钟鸣鼎食之家，只是贵不超三代，到了孙辈已然家道中落了。

彼时风气开放，士籍管理制度宽松，贵族高门招才俊为婿光耀门楣是常有的事儿，也有不少士人在成名前生活在妻子家中，李白对许家来说无疑是最合适的人。

他才气卓绝，享誉四海，同时又缺乏机会，急需进入仕途的门路。

这桩婚姻的开始谈不上情投意合，大抵只是各取所需，但也着实给了李白久违的安定。许氏也是一个难得的贤惠人。

于是，他停下游历的步伐，在安陆桃花岩边造了一座石头房子。他们开垦耕地，戴月劳作，李白那颗躁动不安的心平静了下来，于寻常中体会到一味叫作平凡的幸福。

为了实现重振许家的心愿，同时也为缩小与出身高贵的妻子之间的差距，婚后的李白依旧积极求仕。只是不知为何，明明安州都督马正会对李白的才华很是钦慕，并向长史（唐代州刺史之下设有长史官，为刺史佐官）李京之大赞“诸人之文，犹山无烟霞，春无草树，李白之文，清雄奔放……光明洞彻，句句动人”，李白却依旧不得重用。

李白思来想去，最后决定去周边漫游，寻找机会。

开元十六年（728 年）的春天，李白漫游到了江夏。倒是无巧不成书，他从安陆过来，而一个好友则正好要从江夏去安陆定居。

这个好友叫蔡十（蔡十是安陆云梦人，十是他在族中的排序），是他在安陆结识的，他们为这相互错开的旅途感慨万千，天南海北，聊了许多，言语间提及云梦泽，婚后飘在幸福云端的李白豁然想起了那些遥远的过往，感慨万千，提笔落有《早春于江夏送蔡十还家云梦序》。

和蔡十分别后，李白得知孟浩然也到了江夏。早春三月天，他的心情比春花还烂漫。

他兴冲冲地赶赴和孟浩然的约会，却得知他很快就要去扬州了。相聚的欣喜酝酿到高点，来不及缓慢落下，就猝不及防地被别离的哀思取代。

眼前长江空寂，天地浩大，孤帆在广阔的天际中越来越小，很快只剩黑点。千言万语，万种思绪，化作诗意喷薄而出，李白提笔。很快，一曲千古流传的《黄鹤楼送孟浩然之广陵》倾洒而出：

故人西辞黄鹤楼，烟花三月下扬州。

孤帆远影碧空尽，唯见长江天际流。

孤独的帆船消失在碧绿的苍穹尽头，眼前只得长江天际悠悠，可送别的人依旧舍不得走远。

回去后，李白看起来有些无精打采，也许是一事无成让他失去了激情。他不事劳作，时常醉卧花间，看着眼前荷花连绵，醉醺醺写下《古风·其二十六》，“坐看飞霜满，凋此红芳年”，既写荷花，又写自己。

然而，妻子许氏对他这样的状态并无怨言，一如既往地操持着这个家。他的心中对妻子充满了愧疚，殷切地写下《赠内》：

三百六十日，日日醉如泥。

虽为李白妇，何异太常妻？

李白知道她的难，明白她的苦。如果说，从前的李白是桀骜大鹏，往后的李白是天外谪仙，那么写下这首诗的李白却是个真真实实的人。

可既为人，便总有情难自制时候，寻常却道酒不好，伤心只知杜康妙。酒和诗，是他这一生的宿命，也是他来时旧路、去处归途。他依旧喝得醉醺醺的，甚至因此犯下一个大错。

一日，李白同友人们清歌纵酒，喝得酩酊大醉，骑马在集市上晃晃悠悠，见街头酒肆闪过一道熟悉的身影，醉眼昏花的李白以为那是都督府魏洽，挥起鞭子欲上前招呼，却被人大喝着拉扯下了马。定睛一看，李白的酒劲去了一大半，那人竟是长史李京之。

按规矩，他确实该在十丈外回避让道，但此事可大可小，作为名声在外的蜀中才子，他本可道个歉便能了事。但也正因他名声在外，惹李京之嫉恨之心暗结。

所以，逮着李白错处的李长史小题大做，对其极尽羞辱。最后，李白卑躬屈节，连篇累牍，用尽惶恐如“而遥观君侯，窃疑魏洽，便欲趋就。临然举鞭，迟疑之间，未及回避”之语，写了一篇《上安州李长史书》，方才作罢。

你不是落拓吗？你不是高傲吗？那我偏要打垮你的脊梁，再看你伏地乞求。

这世上想要得到认可何其之难，否则伯牙也不会自子期去后摔琴绝弦，终身不弹。天才比普通人更害怕失望，李白这一路的失望太多，但李长史并不是终结。

是年，李长史升迁别处，这一次，他迎来了裴长史。

此时的李白已经没了年少时“此处不留爷，自有留爷处”的傲然，姿态放低了许多。他写了一篇洋洋洒洒的《上安州裴长史书》，从不凡的身世，到勤学的童年，到少年的漫游，再到而今的现状，他推荐自己，也表达抱负，希望能遇见自己的伯乐。

但是，裴长史依旧不是他的伯乐。

或许是李白酗酒的“前科”让裴长史觉得他难当大任，又或许是碍于李长史的不喜，总归，李白的干谒被拒绝了。李白不甘心，试了一次又一次，结果依旧如是。

好友孟少府很是不忍，认为是寿山太小，耽误了李白的发展，发来“移文”，建议他另寻高处。李白舍不得离开，以寿山的口吻写了一篇《代寿山答孟少府移文书》反驳他：“方与昆仑抗行，阆风接境，何人间巫、庐、台、霍之足陈耶？”

为了表达自己对寿山的喜爱，他还写了一篇《山中问答》：

问余何意栖碧山？笑而不答心自闲。

桃花流水窅然去，别有天地非人间。

或许别人觉得你毫不起眼，可在我心里，你是最好的。李白多希望，也有人像他觉得寿山好一样认可他啊！

玉真不仙人

人生短短数十载，从弱冠到而立不过十年光景，却是一个人一生的缩影。二十岁意气风发，觉得光明就在前方，待生出翅膀，便能九天翱翔。等到了三十岁，污泥中打了一圈滚，生活中挨了几下拳，终于狼狈地承认，我们不过一介普通人。

光阴迢迢，老之将至尔。自朝廷颁布“民间有文武之高才者，可到朝廷自荐”诏令开始，已堪堪过去三年。这三年的机会如水逝，他什么都没握住。

李白时常看着寿山发呆，最终接受孟少府的提议。

人生得意在长安。才华横溢的年轻人迢迢千里来到这里，希望得名流青眼赏识，希冀能登科及第。

三十岁这一年，他决定离开妻子和北寿山，去长安求仕。

风雨六年路，他自二十四岁起从长江一路往南，吹过重庆的风，淋过江夏的雨，听过金陵的歌，看过安陆的月，最终站定在长安街头。他环顾左右，听着街边酒肆小贩的吆喝声，如置身一场繁华美梦之中。

不过李白之所以是李白，在于他从不内耗。前路艰难如何？曾经失意又如何？今朝有酒今朝醉，他从不为没发生的事情烦忧。

迥异于以往迂回的干谒经历，李白这次十分简单粗暴，直奔张说的宰相府而去。

大约是时光给了他破釜沉舟的勇气，也让他失去择机而动的耐心，此次干谒可说是他干谒生涯的顶峰了。张说不仅前后三次为相，还是开元前期的一代文宗。只是，不幸的是，张说病重，李白这次依旧是铩羽而归，甚至连张说的面都没见到。

好在天无绝人之路，长安徘徊之余，李白认识了张说之子、玄宗的女婿张垍。仕途的殿堂悄悄打开了一扇门，李白仿佛看到了一道光。

要说大唐最有名的公主是谁，一百个人口中或许会有一百个答案，有说是和辩机千古绝恋的高阳公主，有说是巾帼不让须眉的平阳公主，也有说是复辟李唐的太平公主，但在当时所有求告无门的文人心中，玉真公主[①]必然是无法忽视的存在。

① 玉真公主（？—762）：字玄玄，号持盈，法号无上真，唐睿宗李旦第九女，唐玄宗李隆基同母妹，母为窦德妃。

玉真公主崇文尚道，对文士很是关心，之前王维便是凭借其引荐走上仕途之道的，李白亦想效仿之。

他从张垍处听闻终南山有一座玉真公主的别馆，顺利住了进去。

为了讨玉真公主欢心，李白先写了两首诗，一首《怀仙歌》，一首《玉真仙人词》，以浪漫绮丽的笔触将玉真公主写成得道的仙子，来往于嵩山与王母相会。

全诗不吝赞美之词，却毫无谄媚之态，这大概就是李白的可爱之处，坦荡如赤子，捧真心只为求赞言一句。

可惜的是，他并没有等到玉真公主的回复。

天气一日日凉下来，秋深雨重，入目萧瑟，李白热腾腾的心也渐渐冷却。他不想再等下去，写了两首《玉真公主别馆苦雨赠卫尉张卿》给张垍，希望他能帮忙引荐。

终南山下阴雨连绵，他心上的霾日复一日加深。

他呆坐在别馆里等消息，凄风苦雨中，他无比思念妻子。她是那么温柔，从不曾对他失望，哪怕他自己已经开始怀疑起自己。他不是以前独行天涯的浪子，他有了牵挂，他想给她和孩子们好的生活。可是，“独酌聊自勉，谁贵经纶才？”满腹抱负无人懂，他独自在山下看苦雨落下。

这两首诗送出去后依旧没有下文，人之一世，条条大路都能走，可失意大抵才是常态。玉真公主从来不是仙人，也没有给他明路。

或许是渐感时光不再，李白不愿意空等，寻找起另外的机会来。他恢复社交，在长安四处应酬，拜访达官贵人。但越缺什么就越没什么，始终无人赏识他。

这期间，李白的心路几经起伏，写下了很多诗，其中有《长相思》三首（此选其一）：

长相思，在长安。
络纬秋啼金井阑，
微霜凄凄簟色寒。
孤灯不明思欲绝，
卷帷望月空长叹，
美人如花隔云端。
上有青冥之高天，
下有渌水之波澜。
天长路远魂飞苦，
梦魂不到关山难。
长相思，摧心肝。

在长安，思长安，明明宫城闱门就在眼前，却仿佛和他隔了千里万里，它之于他，如雾里红花，像云端美人，他伸手不得，只能对月空叹。

一直到九月，李白依旧没有等来任何好消息，此时盘缠已快用尽，他囊中羞涩，生活难以为继，只得将跟随自己许久的白马卖掉，因此结识了买马的陆调。

陆调来自吴郡，同他一样誓将书剑许明主，却无进身之阶，不过陆调在长安有个家资巨万的叔父。他建议李白前往热情好客的邠州（今陕西彬州）长史李粲（本家堂兄）处解燃眉之急，李白听允。将将度过数日，李粲又将李白推荐至坊州（今陕西黄陵）司马王嵩处，李白同样前往。

纵然这些人都是很好的人，使他免于流离，使他诗酒不休，但他们都没有李白想要的机会。

开元十九年（731 年）早春的某一天，李白沉默许久，终于下定决心辞别主人。他留下一篇《留别王司马嵩》，重新踏上长安的街头。

一人一马相伴而行，前路漫漫，何处可容身？这里，魏阙不比山高，却让他觉得自己比站在山前更渺小。他百无聊赖间流连街肆，发现长安斗鸡盛行，坊间还流传着“神鸡童”贾昌[①]发迹的故事。李白听闻后如浮海中抓住救命稻草，也加入到斗鸡走狗的队伍中来。接下来，他饮酒豪赌，很快结识了一群臭名昭著的“五陵豪”。

对于这段过往，有《白鼻騧》和《少年行》为证。他写他们骑马踏春风，笑看胡姬饮，看似意气风发，可“少年负壮气，奋烈自有时”，依旧流露着浓浓的怅然之感。

他一身壮志，何时才能得酬啊！

这些长安少年是出了名的小混混，平日横行乡里、恃强凌弱，李白出众如斯，自然早就被他们视为眼中钉，有矛盾是迟早的事。争斗的起因大约只是件小事，最后却发展成了群殴。小混混们并不是“银鞍照白马，飒沓如流星”的李白的对手，只是他们还有另外的身份，那便是保卫皇城的羽林军，轻易得罪不得。

这次斗殴据说惊动了长安司法机关宪台，好在恰逢陆调值守，带了巡查队过来抓了他们，这才使李白免遭牢狱之灾。

事后，李白后怕不已，再也没有曾经“五陵年少金市东，银鞍白马度春风”的洒脱，多了几分《行路难》的感慨。下为《行路难》其二：

---

① “神鸡童”贾昌：据传贾昌自幼懂鸟语，喜欢与鸡鸟为友，一眼就能辨别鸡的壮、弱、勇、怯，训练斗鸡易如反掌。恰好贾昌的父亲是宫廷侍卫，知道皇帝和群臣都喜好斗鸡，便找机会向唐玄宗推荐贾昌。其事迹见诗《神鸡童谣》。

大道如青天，我独不得出。

羞逐长安社中儿，赤鸡白狗赌梨栗。

弹剑作歌奏苦声，曳裾王门不称情。

淮阴市井笑韩信，汉朝公卿忌贾生。

君不见昔时燕家重郭隗，拥篲折节无嫌猜。

剧辛乐毅感恩分，输肝剖胆效英才。

昭王白骨萦蔓草，谁人更扫黄金台？

行路难，归去来。

行路难，大道如青天，诸君如排鹤青云直上，却唯独没有我李白的出头之日。遥想当年，淮阴市井之徒笑话韩信，汉朝公卿嫉妒贾生，我会否如郭隗般幸运，遇上识人善用的燕昭王？如果可以得主重用，我大约会如剧辛和乐毅一般，竭尽全力为国效劳吧！

但眼前的路太难走了，不若归去。

好友陆调得知李白动了离开的念头，恰另一友王炎也是蜀中人，正欲返乡，便借机介绍二人认识[①]。

---

① 李白作《剑阁赋》，题下原注“送友人王炎入蜀”，而李白的《送友人入蜀》诗及乐府《蜀道难》，有观点认为均是送王炎入蜀之作。天宝十三载（754年），李白在溧阳作《自溧水道哭王炎三首》悼念好友。

初识时，王炎正抚琴弄筝，一首《古蜀道难》自耳际流淌开，曲中有层峦叠嶂、虎啸猿鸣，家乡之景如卷轴自脑海铺展，李白提笔挥洒而就《蜀道难》：

噫吁嚱，危乎高哉！
蜀道之难，难于上青天。
蚕丛及鱼凫，开国何茫然！
尔来四万八千岁，不与秦塞通人烟。
西当太白有鸟道，可以横绝峨眉巅。
地崩山摧壮士死，然后天梯石栈相钩连。
上有六龙回日之高标，下有冲波逆折之回川。
黄鹤之飞尚不得过，猿猱欲度愁攀援。
青泥何盘盘，百步九折萦岩峦。
扪参历井仰胁息，以手抚膺坐长叹。
问君西游何时还？畏途巉岩不可攀。
但见悲鸟号古木，雄飞雌从绕林间。
又闻子规啼夜月，愁空山。
蜀道之难，难于上青天，使人听此凋朱颜！
连峰去天不盈尺，枯松倒挂倚绝壁。
飞湍瀑流争喧豗，砯崖转石万壑雷。

其险也如此，嗟尔远道之人胡为乎来哉！

剑阁峥嵘而崔嵬，一夫当关，万夫莫开。

所守或匪亲，化为狼与豺。

朝避猛虎，夕避长蛇，

磨牙吮血，杀人如麻。

锦城虽云乐，不如早还家。

蜀道之难，难于上青天，侧身西望长咨嗟！

蜀道难啊，比上青天还难。秦楚之时从无人迹，能通行的大约只有飞鸟。后来蜀王派五丁开山，他们用生命才换来蜀道的天梯石栈相钩连。可是，蜀道难，人生又容易到哪里去呢？

他纵横四海，一身风霜将山河踏尽；他识人数面，俯首低头将自我干陈。辗转至今，依旧无人给他送机遇，无人用他抱负身。

这条路，他走不下去，却也回不去。

人生漫漫，纵有高光迭起，但烟火灿烂后的黑暗，从来都是自己一个人默默走过。

初下梁园去

离开京城后，李白乘舟自黄河一路而下，风帆在波涛汹涌中鼓动，起起落落，像极了人的一生。

江上清风，山间明月，耳得之便是声，目遇之则成色，这些都是人生的无尽藏。李白在尘世中屡屡碰壁而落满灰尘的心，这一刻被自然洗涤，重归锃亮。

山长水阔过，很快到了开封。

这里有一座园子十分有名，叫梁园，是西汉初年梁孝王刘武兴建的。他当年在睢阳受封后大兴土木，在东南一带建造了这座富丽堂皇的皇家园林，并招揽文人前来做客，梁园辞赋由此开汉代大赋之先声。光阴荏苒，而今的梁园一片断壁颓垣，再无曾经的把酒作赋声。到达的那天晚上，李白一个人静静地在园中站了很久。

他伸手触及月光之寒凉，身侧是古木参天的青山，不免心生感慨。风流倜傥的司马相如曾经就在梁园客居，并写下成名作《子虚赋》，又因为这首赋得武帝赏识而功成名就，如今他又去哪里了呢？

这一刻的李白，站在破败的园林里，遥想八百多年前这里该是何等的歌舞升平，不由泪洒满襟，借着酒劲写下了《梁园吟》。

“东山高卧时起来，欲济苍生未应晚。”东山高卧的谢安，择机还能再起。他应该、或许，还有机会吧？

此刻的李白不知道，他和梁园的缘分就此埋下，往后余生，他将二次折返，并与一位女子因《梁园吟》谱写“千金买壁”之佳话，而后“一朝去京国，十载客梁园”。终是梁园，使李白被长安冷却的心，得以安放。

缘分在不经意间写下，如时光之箭，数年后正中眉心。当下被拴上的红线隐于袖腕，与李白一同去往了嵩山。

此次去嵩山，李白有个主要的目的，便是拜访一位叫作焦炼师的女道士。

传说这位女道士生于齐梁时代，已经存活几百年了，但外貌只有五六十岁。她行踪缥缈，来去如飞，时常往来于名山大川之间。甚至有人传言，她能够入东海登蓬莱，早已得道成仙。

李白这一生最为牵挂的无非两样，高堂激昂或高处飞去，对于云外之迹的追求贯穿其终身，形成了不同于求仕的另一半的他。

由于长安之行并不顺利，于是归隐心又起。他认为若是能以花为食、吞云吐雾，在青苔中挥斥方遒，在宇宙里八极遨游，那该是多么自由自在。这两个追求看似南辕北辙，其实本质都是一样的，那便是极度的自由。

为了寻觅焦炼师的踪迹，他登尽三十六峰，看遍山中云卷云舒，最终败兴而归。李白不死心，为此写有《赠嵩山焦炼师（并序）》，“紫书倘可传，铭骨誓相学”，他说，若焦炼师能看到，他愿誓死相随习仙道。

除了李白外，王维、王昌龄等人均留有与焦炼师相关的诗词[①]，但是否真有其人，便不得而知了。

李白大约也没抱太大希望，所以没继续追寻下去，转而去探访旧友元丹丘。嵩山多隐逸，沿着青山小道而下，迂回到颍水岸边，入目是几座雅致小宅，这里便是元丹丘的住所。风一吹，门口落叶簌簌而过，刮出声音在山间空响。眼前满是飞灰，没有人迹。李白在空落落的房间中站了许久，就着满室沉寂的旧物提笔留有《题元丹丘山居》《嵩山采菖蒲者》二首。

他对老友栖身嵩山、静心高卧云霞里羡慕至极。可是，他深知

---

① 引自郭建龙所著《盛世的崩塌：盛唐与安史之乱时期的政治、战争与诗》，天地出版社 2022 年版。——作者注

自己做不到不问世事而去隐逸于空山。

李白从来都本真而纯粹，对人世的追求亦是极致的。平凡庸俗不是他，左右言他也不是他。他心中澎湃着“大鹏一日同风起”，“我辈岂是蓬蒿人”的抱负。

他丝毫不用清高标榜自己，他狼狈得明明白白，毫无遮掩。

在仕途失意之时，他没有斥荣华似粪土，而是真切地发出“拔剑四顾心茫然”的感叹。

他要走的这条路如此崎岖，即便登过无数山川险峻亦不能比之分毫，可他不想放弃。如何才能破风浪？怎样才能扬帆起？

在这种心绪下，《行路难·其一》横空出世，载着无数失意者的迷茫于历史舞台隆重登场：

金樽清酒斗十千，玉盘珍羞直万钱。
停杯投箸不能食，拔剑四顾心茫然。
欲渡黄河冰塞川，将登太行雪满山。
闲来垂钓碧溪上，忽复乘舟梦日边。
行路难，行路难，多歧路，今安在？
长风破浪会有时，直挂云帆济沧海。

文人多悲戚，自宋玉在《楚辞·九辩》中哀叹“悲哉，秋之为气也”起，一场东风、一阵花落都能让士大夫那颗纤细敏感的心淋一阵骤雨，“悲秋”底色种下，“诗”意便多几分“失”意，即便大权在握如曹孟德，“对酒当歌，人生几何”时也多忧去日苦多，更别提寻常文士了。

与曹操比起来，李白一无所有，他将心向明月，但明月照沟渠。

可是，他无奈，他迷茫，他却从来不颓丧。他纠结前路，甚至焦虑得吃不下美食，可他却从无半分自暴自弃。

人生啊，多有趣，有歌有酒，我得不到，但我也不会诋毁。我没得到也不是我不配，而是机遇未到。只是，这机遇何时才能到来呢？这就是李白啊，千古独一份，可爱且倜傥，光明又迷茫。

漂泊两年余，李白唯独觉得对不起家中的妻子。

想到红烛下红酥手，想到她一人倦白头，胸口深处有隐隐的痛楚传来。每当这时，他便挑灯拿笔，一首又一首地写诗。

“遥将一点泪，远寄如花人”，他猜想她在落泪；“碧窗纷纷下落花，青楼寂寂空明月”，他见花见月都悲伤；“觉来相思生白发，盈盈汉水若可越”，思念让他白了头发。

这几首《寄远》，不同于诗人寻常的笔触，细腻如丝——谪仙狂人也多情。家书寄达安陆后却无回声，李白担忧不已，渐渐起了归心。

于旁人而言，许氏或许并非国色，但在李白眼里，“芙蓉婵娟之艳色”“冰玉清迥之明心”，她永远最美。他记得她陪他“朝共琅玕之绮食，夜同鸳鸯之锦衾”，日子平凡，可有她相伴，他那颗欲乘风归去的心却难得地甘于沉落。

接下来，他继续行走，到了洛阳。

这里同长安一样历经繁华与沧桑，王维曾经过这里，双九少年沉溺于“画阁朱楼尽相望，红桃绿柳垂檐向”的纸醉金迷之中，而今饱经风霜的李白却不尽然全是艳羡，还有几分《结客少年场行》中“舞阳死灰人，安可与成功”的惆怅。故园何处有？玉笛声空鸣。

他又想念起了妻子，即便是新交了元演和崔成甫等人，依旧不能抵消暗夜中如草疯长的思念。

良辰美景，好酒佳酿，朋友们都在觥筹交错地对饮，唯独他心底寂寞四处滋生。耳畔适时飞来玉笛声声，细听原是送别曲《折杨柳》，他仿佛看见惜别那一天，妻子在柳树下折枝相送，他含泪不语，满腔思绪斐然，终成一首《春夜洛城闻笛》：

谁家玉笛暗飞声，
散入春风满洛城。
此夜曲中闻折柳，
何人不起故园情。

归去吧，不若归去。漂泊四方的人啊，至少还有家为你托起满心的悲愁。

这一年的秋天，李白离开洛阳，返回了安陆。彼时，李白终于明白为何妻子了无回音了，原来家中变故已生。

躬耕桃花岩

“长歌尽落日，乘月归田庐”，怀着这样的心情，李白踏上了回归安陆的路。

一路步履匆匆，他归心似箭。时年冬天，李白返回了安陆。

村头柳枝枯败一片，犹记两年前妻子曾在这里折枝送别，此番柳树不复春日繁茂，树后也没有妻子美丽的容颜。

李白心头一沉，加快步伐回去，属于他们的小家空无一人，岳父家门口却丧幡高挂。邻人告诉他，岳父操劳过度，已然于去年病故了。

见到妻子的时候，她正在劳作，美丽容颜依旧，两鬓却多了几许风霜。

如果说他这一生潇洒至极，对一切以往的错过都毫不惋惜，但她属实是他唯一的问心有愧。

这段时间，李白用心陪伴妻子，他日出而作，日落而息，晨起读书练剑，午间偕妻小憩，暮夜共花赏月。日子如水流逝，不久后，李白收到一封信，平静的生活再度被打破。

在洛阳结识的好友元演告诉他，自己近来要到安陆游历，想邀请他去随州（今湖北随州）踏游，顺便再拜访胡紫阳。李白二话不说，欣然应邀。

在当时，胡紫阳之名可谓如雷贯耳。

庄子曾于《逍遥游》中写神人“不食五谷，吸风饮露，乘云气，御飞龙，而游乎四海之外”，认为仙人大抵无须进食，吸风饮露即可。胡紫阳天纵奇才，十二岁时便已习得这项秘术。二十岁时，他又游历四方。学成归来后，胡紫阳在随州建了餐霞楼，日日吞吐朝霞，引千人朝拜，随行者中不乏高官达贵。李白的好友元丹丘，亦是胡紫阳的三千子弟之一。

没有遇到焦炼师始终是李白的一大憾事，此番得元丹丘引荐，李白自然对胡紫阳心驰神往，写赠《题随州紫阳先生壁》，“终愿惠金液，提携凌太清”，若能得君赐予金丹妙药，还望一并提携，同去天庭，飞离人间纷扰啊。

倒也不是厌世欲出，而是他内心对极度自由、极度纯粹的向往始终如是，高堂与高飞于他而言，均为此生追求。

胡紫阳当下在苦竹院静修，得知李白和元演过来十分开心，设宴于餐霞楼招待二人和本地太守。席间欢歌清酒不断，众人高谈阔论，神道人途在觥筹交错间如大道绵延，带着李白直抵理想最高处。

窗外天地悠悠，本该短暂的人生这一刻好似与天地相通，得无尽扩展，绵延成无穷宇宙。

到底什么是真，什么是假呢？蝴蝶和本我，哪个是为现实，又哪个是为梦魇？庄子不知道，这一刻的李白也不知道。迷迷糊糊中，他魂归太虚，神游天外，忽而腾云驾雾，忽而叱咤朝堂，就这样一夜酣眠，醒来发现一众人七零八落地躺着，他居然枕在太守的腿上，身上还披着太守的锦袍。

很久之后，久到并没有长生不老的胡紫阳早已驾鹤西去，李白在给元演的《忆旧游寄谯郡元参军》中回忆起这段往事时依旧念念不忘，“袖长管催欲轻举，汉东太守醉起舞”。快乐多短暂啊，短暂到“当筵意气凌九霄，星离雨散不终朝”，一转眼就散了呢。

醒来后的李白告别了紫阳真人与元演，回到了安陆。

曾经，他和妻子在桃花岩边开辟山田，又作人间客许久。这种生活让他感到新奇，他得以弯下身、矮下去，低处的世界于是在眼前无限放大。

他看到了另一片天，渺小与无穷相接，蝼蚁、尘土自有精彩。在这种闲逸的生活里，他畅游山水，发现了小天地的乐趣，并写了一首《安陆白兆山桃花岩寄刘侍御绾》寄给好友。

“归来桃花岩，得憩云窗眠”，他的心被填得满满的。当然也不只有远方的朋友，李白的酒伴从未缺过，哪怕在山中也能找到人来对饮，如《山中与幽人对酌》：

两人对酌山花开，一杯一杯复一杯。

我醉欲眠卿且去，明朝有意抱琴来。

对饮的是谁呢？李白没写，大约是山里的道人，也可能是路过的旅人，甚至有可能是梦里的仙人罢。毕竟，对月共人影，他亦能热闹成三人。

彼时的他其实早已不再年轻，却依旧有一片赤子之心，不拘礼节，自由随意。这大约便是他能随时到处呼朋引伴的原因吧，毕竟满面风霜如众生，谁不爱初心纯澈呢？

鲁迅曾说陶渊明“猛志固常在”却又“悠然见南山”。李白其实同样如此，“仰天大笑出门去，我辈岂是蓬蒿人”和“念此失次第，肝肠日忧煎”都是他，他有雄心却也接受平凡。

一年后，李白再次背上行囊，走上了干谒之路。

生不用封万户侯，但愿一识韩荆州。

听说荆州长史韩朝宗[1]知人善用，李白于春花烂漫之际携《与韩荆州书》至襄阳谒见，他渴盼被慧眼识珠，真诚地赞颂他“笔参造化，学究天人”。但李白之傲气从《上安州裴长史书》便从无改变，他丝毫不为求任用而弯下脊梁骨半分，“请日试万言，倚马可待”满是不减少年时之锐气，张牙舞爪，一不小心便抓伤人。

他再一次失望了，韩朝宗并非他料想中的如王允和山涛般“衔恩抚躬，忠义奋发”之人。对于见惯谄媚之高位者，李白的傲气从不讨巧。

生而为人大约从未变过，我们终世所求不过获得他人的了解，李白当然也是如此，但不被了解是大多数人的宿命，有人为此自怨自艾，李白却从不改傲气，这大约也是他成为李白而非李长史的原因。

失望攒够了，他就戴着山公的白帽子歪歪斜斜地坐在马上，时而举杯痛饮，时而高歌吟唱，集市上的人看着这幅场景都逗趣不已。李白不管不顾，一路醉眼惺忪，直达襄阳城外汉水处，“月下倾金罍”，他自失意且快乐。这个场景被完整地记录到《襄阳歌》中，让无数后世失意者也与之共醉一场清风朗月。

---

① 韩朝宗（686—750）：唐朝大臣，曾任荆州长史，李白尝与书云：“生不用封万户侯，但愿一识韩荆州。”

倒是天无绝人之路，虽然没有得到韩朝宗的回应，李白却意外结识了其下属——县尉李皓。不同于李白的家徒四壁，李皓仕途顺利，这让李白艳羡不已，写有《赠从兄襄阳少府皓》相送，详细地描述他的过往——悬剑济世，仗义行侠，最后能屈能伸，他希望李皓能搭把手。

当然，结局依旧是他落寞地离开。

后来，他第三次去江夏，结识了很多好友，有一位是初唐著名诗人宋之问的弟弟，叫宋之悌。他曾身居要职，可后来坐事流朱鸢（今越南河内东南），彼此相遇的时候，宋之悌正在贬谪途中。

得知好友曾经的光鲜，李白不禁悲从中来，此一别不是山长水阔，而是天涯难回首，他有过无数次重逢离别，年少时总觉得挥挥手会顶峰再见，现在却渐渐觉得天地悠悠。他心中感慨，提笔留下《江夏别宋之悌》："平生不下泪，于此泣无穷。"既感慨宋之悌的悲惨境遇，也为自己的遭遇而忧伤。

挥泪作别江夏的一众友人，《江夏送张丞》《赤壁歌送别》，一首又一首，连备好的纸都不够。

后来，他又去嵩山拜访了元丹丘，写有《元丹丘歌》，"我知尔游心无穷"，他羡慕他的自得茅庐间。那他呢？他的心之无穷又在何方？路远山海阔，而他，不过天地一沙鸥。

三 求仕路漫漫

人生路漫漫，他在南墙里求不得。

有心之花迟未开，无心之柳连荫成。

囚车里的郭子仪和他在洛阳初见，归隐山田的孟夫子留他生命终言。草蛇灰线，有的故事结束，有的故事即将开始。

他生命中所有的璀璨和灰暗，早在风起那一刻，原来就已经偷偷埋下伏笔。

刎颈与子仪

开元二十三年（735 年），李白收到元演的来信，诉说玄宗要去洛阳，邀请李白一同前往，共睹圣颜。玄宗是李白心中的一场梦，如云端美人高不可攀，折枝越岭只为博卿一笑，此番得到圣上行迹他自是欣然前往。

“穹崇明堂，倚天开兮。”为这万分之一的机会，他写了一首洋洋洒洒的《明堂赋》，不吝言辞“臣白美颂”，借明堂来大颂开元盛极，望能得君心半分回顾。可惜此举无疑如石入海，连水花都未激起。

不久后得知玄宗在狩猎，李白又将少时所作《大猎赋》加以修改献上，他希望“大道匡君，示物周博”，但君心却并不似我心，玄宗根本听不到李白的声音，亦不会关心一介民间文人挥洒的豪情。李白失意地在太原徘徊，元演知道他心绪不佳，带他四处游玩。

这一年的夏天，他们遇见了一位特别的人。这个人，就是后来平定了安史之乱，被尊为“尚父”的唐朝名将郭子仪。

《新唐书·李白传》曾记录过李白和郭子仪的一段过往：

安禄山反，转侧宿松、匡庐间，永王璘辟为府僚佐，璘起兵，逃还彭泽；璘败，当诛。初，白游并州，见郭子仪，奇之。子仪尝犯法，白为救免。至是，子仪请解官以赎，有诏长流夜郎。

两人互相救赎的故事也在坊间野史流传不休，配合时光快门，定格成了历史深处无数传奇中的一个。时光镜头回推，画面定格在公元 735 年的夏天。

那日，还没从失意的情绪中恢复过来的李白正白日纵酒，元演一边拉着他一边劝他少喝点，不远处原本熙熙攘攘的街道忽然让出一条路，迎面走来一队森严的兵丁。李白醉眼昏花，差点儿撞上兵丁身后的囚车，好在被元演拉开才免于一场纠纷。兵丁凶神恶煞地训斥了两句，李白性子从不隐忍，刚想反驳，却住嘴了。

囚车上的人有一双目光灼灼的眼睛——“目光如火照人”，李白从未见过这般眉眼，它似庐山瀑布激涌，又像西塞火山喷发。李白以为其“不十年当拥节旄”，有着这样眉眼的，必然不是普通人。

天性放达如他并不避讳对方的囚犯身份，主动上前攀谈。囚车中人见惯冷暖，对李白的关心十分感动，悉数相告。他由此得知郭子仪被陷害，现下蒙冤待斩。

李白为郭子仪的英雄气概所折服，当然不会坐视不管。

为了救下郭子仪，一贯傲气的李白低下了头颅，写了一封洋洋洒洒的求情信给名将哥舒翰，希望他能赦免郭子仪的罪名。

历史惜墨，浩瀚星河中不曾留下过多李白如何向哥舒翰求情的话语，但细想彼时李白无官无职，定是费了不少功夫。最终哥舒翰被李白打动，刀下留了郭子仪一条命。李白和郭子仪，至此也成了刎颈之交。

人世多凉薄，李白却是那个温暖的人。

李白做事向来随心，但行好事，很少问前程，一如在扬州撒金三十万，最终病居江都身无分文。或许这就是李白的魅力，见过风霜，却抖落一身世俗赋予的烟火气，最后翱翔青天去。

这样的人格魅力注定会折服很多人，若不然，后来的郭子仪亦不会“以官爵赎翰林”。

或许此段埋在历史尘烟中的过往有后人杜撰的成分在，但李白之江湖侠义从来如此。在他眼中，贩夫走卒和达官贵人从无区别，正如高堂之上与朝野之外他都能自得安然。

惜别郭子仪后，他在太原继续漫游，从春到夏，从夏往秋，转眼花红成叶落，天际大片流火摇坠西天处。

秋日萧瑟，总让人产生无限绮思，他看着远方天水悠悠陷入梦境，闭眼居然见到了妻子温暖的笑颜，醒来眼前空空。他伸手，一片枯叶飘飘悠悠自半空而下，落在了他的掌心。他只觉胸口破了个洞，一股名为怅然的感觉从洞口漏进来，席卷全身。

他叹了口气，拿起床头的笔，付纸《太原早秋》一首：

岁落众芳歇，时当大火流。
霜威出塞早，云色渡河秋。
梦绕边城月，心飞故国楼。
思归若汾水，无日不悠悠。

云过黄河，山河已秋，天冷，该添衣了，也不知道家中的月亮有没有正好照到他那座小小的石头房子，也不知道房中的妻子儿女有没有在想他。

他知道自己此生浪荡、四海漂泊，便是称得上故乡的也不止一处，有大漠深处的碎叶，有难于上青天的蜀地，但真正藏在他心里最深的去处，点一点烛火，细细温暖生命的锅炉，只有安陆。

他三十五岁了呀，人生还有多少个春秋可以重来？他感叹，哀伤青春早逝，写了一首又一首《古风》，从“纤手怨玉琴，清晨起长叹”到“青春流惊湍，朱明骤回薄”，无一不是对时间流逝的不舍。

不过，颓废从来不属于他，偶尔的低落也会随风散去，添诗情几许。

很快，李白便想明白了，“愁看杨花飞，置酒正相宜”。烦恼什么呢？与其忧愁不若享受，喝酒看花岂不美哉？于是便有了这首《宴郑参卿山池》：

尔恐碧草晚，我畏朱颜移。
愁看杨花飞，置酒正相宜。
歌声送落日，舞影回清池。
今夕不尽杯，留欢更邀谁。

有青春做伴最好，无青春的暮年也自有世事沉淀的味道。每个时段有每个时段的妙，与其为失去的感到忧愁，不如珍惜当下所拥有的。过好每一天，即便未来不如预期，那也将了无遗憾了吧。

打定主意的李白卸下今日之烦忧，尽情游玩，他踏遍了太原的高山大川，还登上长城，游览雁门关，见证了无数种震撼和伟大。

生而渺小，得失荣辱在山川的壮阔面前是多么的微不足道，那点失意又算什么呢？

又或者，弱小和壮大，从来都不是一成不变的。

看看眼前的陵墓，这里是王昭君的葬身地，遥想当年，一介弱女子凭一副稚嫩的肩膀背起国之重担，那么多七尺男儿却瑟缩在她身后，享尽她用一生带来的和平。明妃是弱，可她却比那些男儿更强。

大雁纷飞，黄沙漫漫，耳边好像有琵琶声传来，那是不是明妃穿透百年的呜唱？也不知道在余生悠悠的岁月里，她有没有坐在塞外的星空下，静静看头顶那一轮月亮。李白胸有万千，隔着飞沙黄土写下了《王昭君》二首。

有子明月奴

次年春天，李白告别元演，回到了安陆。

安陆的生活是平淡的，《春日醉起言志》一诗中，李白这样写：“觉来盼庭前，一鸟花间鸣。”他盼着清晨的时光，去庭前听花间鸟鸣。“浩歌待明月，曲尽已忘情。”他期待夜晚的时光，唱着歌曲，等待月亮爬上树梢。

当然，日子并非一直这么平淡，“秋霜不惜人，倏忽侵蒲柳”一句，依旧暴露他内心之煎熬。

为了缓解心中的焦虑，他再次上路，去了齐州（今山东济南）。

这次，他要去拜访的人叫李膺，是他的从祖。虽然隔了两辈，但他们志趣相投，平时都以兄弟相称。

见到李白，李膺很开心，带着他游山玩水，两人去了鹊山湖一带。

“鹊山湖之所以名此，在于湖水环绕着的这座山，”李膺介绍道，“它叫鹊山。”

“那鹊山得名又所谓何？”李白好奇地问，“源自牛郎织女的鹊桥相会？”

李膺笑着说：“据传，每年七八月间会有喜鹊自四面八方飞来，围聚山林盘旋低鸣，好似在搭桥牵线。”

“但鹊山之名，并非来源于此。”李膺带着李白至一山坳处说，“这是名医扁鹊的炼药之所。”

李白细细看去，这里好像确实有砖砌矮墙的痕迹。他好像隐约看到了石墙之上挂着帘帐。帘帐之后，有一座正在燃烧的炉灶，而名医扁鹊正在煎药……

扁鹊生前在此悬壶济世，死后也被埋葬在此地，故而人们将这里称为“鹊山”。

关于这段传说，明人刘敕有《鹊山》一诗，“丹炉还历历，明月故迟迟”，写尽无数幻想。

李白在鹊山写下了三首《陪从祖济南太守泛鹊山湖》，重点描述了这段游历经历。“初谓鹊山近，宁知湖水遥？”鹊山之大，他们始终无法靠岸，可“此行殊访戴，自可缓归桡”，如王徽之雪夜访戴安道，“乘兴而行，兴尽而返”，见不到又有什么关系呢，这一路游历的心情足够好就可以了。重要的从来不是目的地，而是行之一路的心境。

去任城后，李白认识了裴十七。

裴十七年少志高，满身豪情，和他年轻时一般无二，这位青年四海漫游，结交天下英豪。“光景不可回，六龙转天车。”李白看着他好像忽然看到了年轻时的自己，他既感亲切，又有难言的惆怅自心底浮现。

李白写下“荆人泣美玉，鲁叟悲匏瓜”，这个世界不是那么简单啊，成功从来不是一件容易的事情，君不见卞和因美玉无人赏识而哭泣，孔子也曾哀叹匏瓜星高悬于天，这些伟大的人也并没有事事都如意，更何况像我们这样的普通人呢？不如好好珍惜青春，该享受便享受，不要为那些摸不着的东西留有遗憾啊——李白如此告诫这个后生。

只是，虽然前路艰难，李白依旧对这个年轻人抱有美好的祝福，他写下《早秋赠裴十七仲堪》，“时命若不会，归应炼丹砂”，欢迎他在时运不济时与自己一同炼丹修道。

也许到那一刻，李白终于承认自己从来不是独一无二了，他以为他天纵奇才，可这条路上的后起之浪一波又一波，他并非唯一的那一朵浪花。

这年秋天，李白去了嵩山，他在那里见到了元丹丘，还结识了一位新朋友，叫作岑勋。

“忆君我远来，我欢方速至。”他在《酬岑勋见寻就元丹丘对酒相待以诗见招》一诗中详细描述了这段交往历史。

岑勋十分钦慕李白，传闻在李白前往嵩山后不远千里寻访而至，只为与之结交。他们一见如故，彼此引为知交，饮酒作赋不停，遣怀高歌难休。

没有什么能停下前进的步伐，任何东西在李白生命中都是匆匆过客，是点缀他传奇一笔的水墨。不久后，他离开元丹丘和岑勋，去往襄阳，并和好友孟浩然重逢。

有时候，人的喜恶和倾慕来得突然却又有迹可循，比如孟浩然，他这一生并无世俗意义的成功，却得李白无与伦比的欣赏，大约是因为那一份安然于世的心态吧。

相传，韩朝宗很是欣赏孟浩然，数次邀约并打算向朝廷举荐他，孟浩然许是早就看透功名一场空，在干谒张九龄未果后彻底放弃入仕的想法，对韩朝宗的橄榄枝敬谢不敏，坦坦荡荡地过着隐士的生活。

汝之蜜糖，他之砒霜，这一刻的李白清楚地看到了他和孟浩然之间的差距，他的辗转和拧巴，是孟浩然壮士断腕舍弃掉的。

和孟浩然分别后，他收到了妻子的家书。心中的思念如潮水喷涌，他马不停蹄地回到了家中。

这年年末，他的第二个孩子降生了，是个儿子，他给他起名“伯禽”，小字“明月奴”。

伯禽是鲁国第一任国君的名字，这寄托着他的政治理想，而明月是道家对于既往来生的想象，是他乘风归去的梦想。这一刻，理想的抱负和世俗的牵挂结合，凝聚于呱呱坠地的孩子身上，他一生的寄托和向往也有了具体的意象。

舌战众鲁儒

听闻李白喜获麟儿，本家几个进京赶考的族弟前来探望。

时逢早春，山花烂漫，桃花书屋前一株桃树灼灼其华，院内满是乱红飞过。

李白在桃树下设宴款待了李令问、李幼成、李之遥几位族弟，席间欢声笑语，众人决定以“行酒令”为乐，李白作序，其余三人依序吟诗，不成者自罚杜康。

席间，李白挥笔写下：

> 夫天地者，万物之逆旅也；光阴者，百代之过客也。

人生就是一场梦，梦醒了，就什么都散了。

人世匆匆，至此，他也是半世老身。三分醉意，七分感伤，配合他半生漂泊，凝聚成了一篇《春夜宴从弟桃花园序》。

后来他们聊了什么，又作了什么诗，再不得而知，大约随着桃花树下的落红飞到了时光深处。

送别族弟后，李白去往孔子故里曲阜游历。这位历史上周游列国的圣人，其实从未得到过重用，在他故去后落魄的一生竟然镀上了无限荣光，惹无数后生趋之若鹜，也不知是喜是悲。

李白虽崇尚老庄，但同孔子又何其之像，始终不得上位者赏识。他心生感慨，闲逛之余发现当地有大批儒生，而这些满口仁义道德的“鲁儒”腐朽不堪，全然没有孔子思想的半分精华，有的只是历史封建遗留的糟粕。

李白大为不满，对他们之乎者也的模样做出抨击，“鲁叟谈五经，白发死章句”，这些白发苍苍的“鲁儒”只知道穿得一丝不苟地背“五经”，根本就对时务一窍不通，“时事且未达，归耕汶水滨”，既然如此就不要在这里装样子了，还不如回去种地呢！

这首《嘲鲁儒》相当辛辣，同时流露着他自己的政治思想，他认为儒生应当建功立业，实现自我价值，而非被时代遗弃还要抱残守缺，怀着落魄的梦。

李白想不明白这个时代为什么还会有这样一群人，当然他也同样想不明白，为什么自己至今没有被上位者认可。

有时候，人生没有答案。

初夏时分，李白从济南往东，一路到了崂山。秋叶纷纷正当时，他又到了宋州，和好友刘砀山泛舟宴喜亭池。

时光纷纷，一年一年不等人。

这一年的冬天，他的六父任城令“三年秩满”，李白为他饯行，留有《对雪奉饯任城六父秩满归京》一首。

六父此去的是长安，那个李白梦里的地方。

他说他“独用天地心，浮云乃吾身。虽将簪组狎，若与烟霞亲”，即便宦海沉浮，但依旧心怀高远。他不舍，他也羡慕他，发出“何时竹林下，更与步兵邻”的感慨。虽然好友们一个个平步青云，而他依旧兜兜转转停留在原地，可是他完全没有怀才不遇的嫉恨，有的只有羡慕和不舍。

希望朋友们发达了，也不要忘了他啊。

简单直接，纯朴率真，至老尤少年。这就是李白，极度纯粹，极度真诚，爱之越爱，恨之愈恨。

不过，大约也正是这样的个性，才让他仕途失意，却于金钩银画中许下诗海一片璀璨吧。

三十八岁那年的春天，他在一个风清月明的傍晚到达了兖州城东的东鲁门。

东鲁门边有一条河，他在河上泛舟。小舟悠悠从此逝，河水荡涤，洗去他心间的尘埃。路边人来人去，晚日尽头宛如天幕倒开，他忽然想到了雪夜独行的王徽之。他的戴安道在哪里呢？他在岁月天穹处寻找，遍寻不得，他心有郁郁。

又或者，其实根本不必找到戴安道，他也可以得到快乐？他站在小舟尽头，看着桃花夹岸想了许久，若是能穿透光阴就好了，他真想问问王徽之如何能自得安然的。怀着这样的心情，李白留下《东鲁门泛舟》二首。

兖州的地方官王少府久闻李白大名，得知李白来到管辖地后热情地接待了他。李白心中大喜，以为他是自己的戴安道。他承认目前并未修炼到“造门不前而返”，对于王少府的相约十分开心，写有《赠瑕丘王少府》相送。“皎皎鸾凤姿，飘飘神仙气”，他称赞他姿态卓绝，不同于官场其他同流合污之辈；“我隐屠钓下，尔当玉石分”，他也希望他能慧眼识珠，看到他不同于其他人的闪光之处。

可是，李白做不到“兴尽而返”，王少府也并不是他的戴安道，等了许久的李白没有收到任何后续消息。

这一年的春天，李白败兴返回家乡。

花开花落，小荷又露出了尖尖角。

两位老熟人前来寻访李白，他们一个叫作梁四，是一位隐士，一个叫作赵叟，是一位方士。

三人无惧酷暑，四处游历，尽兴后李白送他们回东平。

分开时，彼此提着酒壶互相道别，李白依依不舍地逐个叮嘱。

他为梁四写下《送梁四归东平》，“莫学东山卧，参差老谢安”，我知道你同我一样隐居山中，却有着行走天下的志向，可是你不能学习谢安啊，他能在东山闲居二十余年，从不过问世事，直到前秦南侵才出山，以八万兵力一举打败百万秦军，是因为他本意并不想入仕，救国才是他的目的，更何况他还如此有名，自有赏识者邀请。[①] 我们跟他是不同的，我们籍籍无名，如果一直在深山老林，最后的结果无非是白白蹉跎一生。

他写《送方士赵叟之东平》给赵叟，“西过获麟台，为我吊孔丘”，如果你路过麒麟台，请帮我吊唁一下孔子啊。他当年哀求鲁哀公不要捕猎神兽，可鲁哀公不听，杀死了麒麟，最终天下不再太平，而孔子也至此搁笔，直至两年后含恨离世。

麒麟消失，大道已逝，当年春秋不需要麒麟和孔子，而今大唐是否也并不需要赵叟和李白?

李白不知道，他只能一首又一首写诗，一次又一次干谒，最终等待岁月静逝。

惜别友人后，李白到了鲁郡游览大庭库。

这是一个类似山丘的小高地，他登上大庭库远眺，大好山河近

① 引自吕思勉所著《两晋南北朝史》，中华书局 2020 年版。——作者注

在眼前，遥想这满目光华历经了数代朝迁，可大江东去，风流人物轮回，江山改了一代又一代，没有什么是永恒不变的。

他叹息着写下《大庭库》，这是他的习惯，他要给这世间千花万草留一点他曾来过的痕迹。

又一个游子思乡季，他送好友张子回嵩阳。

张子是他和元丹丘共同的好友，许是年纪越大越怕别离，曾经的豪迈也多了几分凉意。他写《鲁城北郭曲腰桑下送张子还嵩阳》给张子，想到晋朝隐士张仲蔚也是嵩阳人[①]，“谁念张仲蔚，还依蒿与蓬”，他虽高洁多才，却隐身不仕，可现如今还有谁记得他呢？

再美好的品格，再优秀的才气，最终都默默遗失在了岁月里。

就像他，蝼蚁般忙忙碌碌，渺小无比，百年后，怕是再无半分他来过这世间的痕迹了吧。

---

① 引自上海辞书出版社文学鉴赏辞典编纂中心所著《汉魏六朝诗鉴赏辞典（新一版）》，上海辞书出版社 2016 年版。——作者注

少年崔宗之

开元二十六年（738 年），李亨被立为太子，贺知章成了太子宾客。

而就在九月，益州长史王显率兵攻打吐蕃安城，官军大败。

所谓盛世，也免不了刀兵。

送别张子回嵩阳后，李白应邀去金乡做客，在金乡听友人谈及朝中风云，“武代李兴”后又“还政李唐”，一众臣子如浮萍在宦海沉浮，实在是艰难。

有一位叫作崔日用的臣子，在武皇时多有重用，后来又为明皇密赞大事，平定太平公主之乱，最后却因其他事受牵连，落寞而终。

“人这一生啊，到底为了什么？”朋友感慨。

李白举杯痛饮，抵酒大笑：“开心呗，低处起来，高处跌落，这才是活着的感觉。”

若一辈子庸庸碌碌、麻麻木木，将三百六十五天过成一天来重复，那还不如早些入土。

“对了，崔日用的儿子崔宗之[1]最近正丁忧在家，离此处不远。”

唐朝规定，父母去世，官员须辞官返回祖籍，为父母守孝二十七个月。前些时候，崔日用的妻子去世，时任起居郎的崔宗之便回到南阳，替母亲守孝。

说到这个崔宗之，李白倒是早有耳闻，他除了是崔日用的儿子，长相还异常俊美，是个十足的美少年。对于崔宗之的样貌，杜甫曾不吝赞赏“宗之潇洒美少年，举觞白眼望青天，皎如玉树临风前”，这世上也因此多了个词——“玉树临风”。

但是，崔宗之让李白羡慕的，从来不是这些。

“生不用封万户侯，但愿一识韩荆州”这句话其实一开始并不是李白说的，而是当时人的共识，若不然，李白也不会对孟浩然能坦然拒绝韩朝宗推荐一事耿耿于怀。韩朝宗知人善用，举荐过很多人才，比较有名的有张嘉贞的儿子张延赏、严武等，“而君侯亦荐一严协律，入为秘书郎，中间崔宗之、房习祖、黎昕、许莹之徒，或以才名见知，或以清白见赏”，崔宗之也在其中。

---

① 崔宗之：名成辅，以字行，生卒年不详。

只是，崔宗之最初并没有入仕，735年起才开始担任起居郎。

李白始终不明白自己比这些人差在何处，他像个没得到老师赞赏的孩子般，迫切想要看到自己和优等生的差距。

这一年，李白抵达南阳，拜访了崔宗之。

新唐书在《李白传》中将崔宗之、贺知章、李适之、汝阳王李琎、李白、苏晋、张旭、焦遂称为“饮中八仙”，杜甫的《饮中八仙歌》详细记录了他们的交往。

这时候的李白还不认识贺知章，也并未和杜甫相遇，他狼狈落寞，一事无成，成日游手好闲。崔宗之却从未嫌弃过这位好友，得知李白前来，热情地接待了他。

眼前人恰是红颜年少时候，猖狂不乏阮籍之风，李白对他一见如故，引为知交。此后他们纵酒人生，任白驹过隙而去。

随着交往愈深，崔宗之越发欣赏李白。他虽已步入仕途，却依旧心向嵩阳，梦想有朝一日能肆意江湖，遨游无极。李白的自由是他不曾拥有的，他在李白身上仿佛看到了另一个自己。

他们形影不离，仿若一体两面，崔宗之邀请李白赴菊潭宴饮，还赠送李白极珍贵的孔子琴。

此外，崔宗之写了一首《赠李十二白》，“双眸光照人，词赋凌子虚”，他喜欢李白的眉眼，那双光彩照人的眼睛，像自天地而生的容器，孕月之光辉，将人类与自然相通，而后偶得这世间所有诗意。

李白是崔宗之遗憾的具体化身。他羡慕李白——“酌酒弦素琴，霜气正凝洁”，他愿意对李白坦白——“平生心中事，今日为君说”。李白是他的心向往之。

李白是异类，千百年来也只此一个，再无二家，他如凌厉出鞘的尖刀，能划破所有的面具。这般的极致，注定会招来极端的厌或者极端的爱。无疑，崔宗之是那个欣赏他的人。

很快就到了分别的时刻，如果说人生是由无数个点组成的线，那李白的那些点恐怕就是一首首的送别诗了。

崔宗之为李白设宴，为李白斟酒，一杯又一杯。相聚总别离，也不知何时是逢期。

李白看芳草哀痛，看杨柳亦伤心，美好的春景在他眼中多了几分暗色。他在《南阳送客》里写了这段分别的场景，“挥手再三别，临岐空断肠”。他数次回头，朝崔宗之挥手，近不惑之年如他，再不复曾经离别时的洒脱了。

这次分别后，李白心中郁结难耐。他再次开始远行，去颍阳山寻找老友元丹丘，游汝州、陈州、宋州，抵徐州、楚州，直至第二年春天抵达扬州。

重游故地，他以为离别的怅然会有所缓解，但那些独自在旅馆里养病的日子却让他更觉伶仃，他犹记得床前地面的月光，此番只觉孤寂的自己如只身飘零在大海。

他叹了口气，继续往前。夏天，他到了吴地，而后沿长江往西，终于在秋霜满天时恍然发现，他和崔宗之分别已经一年了。

其实他早忘了这一路走来的因由，只觉如木偶往前，现下站在荒芜的大地才恍然明白，他想忘却的离别看似是同崔宗之的离别，实则是和少年时代的自己的离别。

“怀君不可见，望远增离忧。”怀念却不得见，眺望远方却更想念，这首《月夜江行寄崔员外宗之》是想念崔宗之，也是想念不在的少年时光。

过去只身天涯，从不孤单，前方的萤火也像日光般灼灼，从未怀疑过此生黑暗，可如今辗转流离，他依旧孤身漂泊，衰老将至，他竟开始害怕前路。应该还会再见吧，他和崔宗之，以及他丢掉的满身义气？

天宝初年（742 年），崔宗之不幸离世。

得知这个消息时，李白正在抚琴，那是崔宗之送他的琴。

“什么？”李白怔怔地反问。

“崔宗之，他……去了。”来人又重复了一遍。

周围忽然安静下来，院中有枯叶悠悠落定在弹琴人的身侧，弦“啪”的一声断了，李白愣愣似无所闻，半晌，喃喃出声。

弦断人去，广陵再无人闻。

吾爱孟夫子

在和崔宗之分别的那一年里，李白如孤魂一样去了很多地方，和少年时代的自己做了一个道别。

他的首选便是寻找元丹丘，或许是元丹丘修禅的关系，每次都能恰到好处地熨帖李白心中的寒意，让他抖落风霜再次上路。

元丹丘能猜到他为何而来，对于他"松柏虽寒苦，羞逐桃李春"的心态报以释然的笑。闲敲棋子，灯花静静落在身侧的石凳上，李白苦海独泊的心得以短暂靠岸。

话匣子打开，所有不如意都倾巢而出，他的心境渐渐明朗起来。李白激动地告诉元丹丘，有种法子可以帮助他们永葆青春，"当餐黄金药，去为紫阳宾"，炼吃黄金药，成为仙人紫阳的宾客，这样就能永生啦。

时光不等人，他们得在老之将至前抓紧时间啊。

秦始皇想永生是想拥有无上的权力，于他李白而言，想长生大约是对这世界的一片热爱，以及来此一遭留下点什么的执念吧。

诗人多苦，唯有纵歌。

离开元丹丘时，他依例写了一首送别诗给他，在《颍阳别元丹丘之淮阳》中，他说“已矣归去来，白云飞天津”，他就要走啦，像洛阳天津桥头的白云般飘飞离去，追逐剩下的光阴。

生命短暂，他要及时行乐。

开元二十七年（739 年），扬州江都驿站门口，一位白衣书生负剑而立，仰头痴痴地看着门上的牌匾。

路过的行人纷纷让路，生怕一不小心为这凌厉的剑气所伤。

小斯硬着头皮上前询问是要住店还是打尖，却听那人喃喃自语“十年了啊”。

十年荣华成粪土，新苗变旧木，这里的一切却依旧如昨，同样的行人匆匆，同样的纸醉金迷，好像什么都不曾变过。可是，当转头看向明镜里的容色时，红颜生了霜，到底还是不一样了。

李白想起前年在八公山看桂花。

举目无人，漫山遍野都是金桂无声，他站在山崖之巅，闭眼猛吸一口气，五脏六腑全是沁人的幽香。最摄人心魄的从来不是庞然大物的轰然倒塌，而是细微渺小对天地万物的悄然入侵。他只觉震撼，为何这细碎的金黄能穿透人的灵魂，浸染这偌大世界以无声。

渺小和壮阔并非泾渭分明，就像他这些年的碌碌无为，或许在某些人看来是浪费时光，但或许在另一些人看来，却是另一种壮大。

他写下这首《寄淮南友人》，讲述了这段“不待金门诏，空持宝剑游”的心路历程。

答案在路上，那就继续行走。

离开八公山后又到了梁宋故国（今属河南），看淮河边芳草萋萋，又去吴地（今苏州）漫游，忆西子西湖乘舟，后逆流而上，经过当涂时，他不经意抬头，被天上那轮寂静的月吸引住了目光。“登舟望秋月，空忆谢将军”，他看着月色，想起了东晋时的谢尚[①]。

那时候，谢尚在牛渚（今属安徽马鞍山）担任镇西将军，有一天他脱下官服去江中乘舟赏月。寂静的江面上传来人声，他细细听去，竟有人在吟诗，其中有一句“趋舍各有之，俱令道不没”让他惊艳不已，谢尚遣人寻找半天才在一艘船上找到一个书生，适才正是他在咏诵其所作的《咏史》。

① 谢尚（308—357）：字仁祖，陈郡阳夏（今河南太康）人。东晋时期名士、将领，豫章太守谢鲲之子、太傅谢安从兄。

这个书生，便是此后名声大噪的袁宏[①]，而袁宏也凭借谢尚的赏识走上仕途之路，从此平步青云。

李白平等地羡慕每一个好运的人，他多想自己也有这样的好运。可失意常在，所谓幸运不过万分之一，剩下的都是无尽黑暗。

千年牛渚矶上，他高声吟唱，没有他的谢尚。

李白从当涂西上，沿着长江过荆州，一路抵达岳州巴陵（今岳阳）。

巴山凄凉，楚水荒僻，作为贬谪之处，此地人迹罕至，宛若天地之边。大唐富庶，可这天下依旧是富人的天下，百姓纵然疾苦也发不出半点声音，不过是盛世牡丹下的虫蚁。

他在这里见到一个人，一个不同于当地浑浑噩噩的村民的人，他的眉眼间有散不去的哀愁，这个人叫王昌龄[②]。

人与人之间，有时无所谓谁比谁更幸运，大多不过似轮回——你起他落，你落他又起。想王昌龄在三十岁左右的时候便进士及第，初任秘书省校书郎，后又担任汜水尉，但不久后因替张九龄[③]

① 袁宏（328—376）：小名袁虎，字彦伯，小字虎，陈郡阳夏（今河南太康）人，东晋文学家、史学家，侍中袁猷之孙，临汝令袁勖之子。

② 王昌龄（？—756）：字少伯，盛唐时期边塞诗人、大臣。

③ 张九龄（673或678—740）：一名博物，字子寿，韶州曲江（今广东韶关西南）人，中国唐玄宗开元时的宰相、诗人。

鸣不平，被李林甫[1]等权贵嫉恨，贬谪岭南至今。

有后悔吗？毕竟为着不相干的人说话，将自己牵连进去，这等无妄之灾本可避免。

李白问他，也问自己。若是自己，会否做到如此？

每个时代都有这样的人，看风满楼上暴雨欲来，揭光明之下暗色满山。大抵人都喜欢自欺欺人，所以对于看透本质的先行者有种莫名的畏惧，好似掩耳便能盗铃，这位写出“海上生明月”的张九龄便是如此的“不讨喜”。

张九龄是开元盛世最后一位明相，他为人正直，深受敬仰。那时的大唐虽面上锦绣，内里却危机重重，他提出了一系列改革方针，却不想动了部分当权者的利益，因此深受排挤。此时，他曾举荐过的一位叫周子谅[2]的人因讲了不好的话得罪了玄宗，那些对张九龄心有怨恨之人以此为借口冤枉张九龄用人不善，玄宗因此听信谗言，将张九龄贬为荆州长史。

张九龄离京后，朝廷士人皆敢怒不敢言，唯王昌龄挺身而出，替他鸣不平。因为这件事，王昌龄得罪李林甫等人，此后一生数度被贬，及至最后被奸人残忍杀害。

---

① 李林甫（？—752）：小字哥奴，祖籍陇西，唐朝宗室、宰相，长平王李叔良曾孙。

② 周子谅（？—737）：唐京兆人。玄宗天宝中进士。

现在的他们都还未得见余生荒凉，只为内心一腔抱负而前进，哪怕飞蛾扑火也在所不惜。

离别时，王昌龄写了一首《巴陵送李十二》给李白。

和王昌龄的促膝长谈让李白对官场再一次心生失望，哪怕他已经深知其中的黑暗，但依旧心有不舍。那些真正超然物外的人，到底是如何做到的？李白想起了孟浩然，那是他身边为数不多能坦然拿起、潇洒放下的人。

孟浩然也是张九龄所器重的人，开元二十五年（737 年），孟浩然被在荆州担任长史的张九龄招至幕府，但孟浩然不恋官场，不久后便辞官返回了。两年后的今天，满腔心事的李白去襄阳寻找孟浩然，彼时的孟浩然不仅垂垂老矣，还身患背疽之疾。

李白看着不过五十岁的孟浩然日渐病重，心中难受，再遥想到三国时期的刘表、曹休都因此症病逝，担忧孟浩然时日无多，心中对于死别的恐惧愈发放大，最终成浩瀚的情感倾巢而出。

孟浩然，他这一生最崇慕之人。洒脱如李白，对所有人都看似浓烈实则淡淡，再炽热的情感都能转身即放、风过则凉，可唯独对孟浩然不一样，他是他不曾有过的另一个自己。他说“吾爱孟夫子，风流天下闻”，李白给他写《赠孟浩然》，让这段君子之交响彻中国文坛千年，即便而今的我们透过几句诗词亦为之感动恻然。

可这世上，日月依旧，故人却难守，从来没有谁能陪谁至永久。

山高水阔，都要自己走。

一年后，这位高山仰止的挚友，因纵情宴饮导致背疽发作而病逝，享年五十一岁。不久后，那位牵动王昌龄命运，让李白痛惜不已的张九龄也猝然逝去。

大道如青天，多谁少谁，世界从不会因此停止运转。

盛唐笙花依旧，海内歌舞升平，此时一位叫作杨玉环的女子从寿王妃被封为道士，而后得玄宗日日宠幸，成为荣华堪比皇后之人。

草蛇灰线，风起云涌，有的故事落下，有的故事即将隆重登场。

四 曾是翰林人

仰天大笑去，

飘落飞蓬归。

他在天宝盛世看云想衣裳，

他忧塞外天山愿斩敌楼兰下。

想要的好像近在眼前，可他知道，咫尺即天涯。

天子呼来又怎样？

赐金放还去，不若归乡。

竹溪世外客

人与人之间的缘分，大约恰如一把借来的琴，待曲终人散，终究是要还的。

开元二十八年（740 年），李白从扬州到兰陵，乡愁自阳春三月的风发酵，燃烧在盛夏的小荷尖尖角，他站在郁金香花丛前，忽然想起了远在家乡的妻子。

葡萄美酒醉人，当“百年三万六千日，一日须倾三百杯”，可醉里方知身是客，羁旅不去是乡愁。李白写了一首《客中作》，将不惑之年未及建功立业的郁闷以及对妻儿的思念倾泻而出，诗成便潇洒离去，只身回了安陆。

这处小城安放了他中年所有的飘零，让万家灯火中得以有一盏为他而明，风雨扁舟归去，收伞有人添衣。可人世步伐匆匆，没有什么会永远等在原地，一如大匡山前的那把琴，人去弦断无人听。

打开桃花岩后的那扇小门，昏暗的灯光下影影绰绰，书桌黄卷上漏了几许灰，李白心头一沉，赶紧踏步进屋，两道小小的身影从黑暗中钻出来，像鲜活的生命被泥土覆盖，脸上还带着湿润的折痕。

“爹，母亲她……病逝了。”

女儿稍长，脸上写满对死别的哀恸。

或许是操劳过度，或许是本身孱弱，亦或许是相思成疾，许氏在夏末流火时节，随着热气一道消散在了天地之间。

人之一世，缘分二字何其奇妙，能将原本天各一方的灵魂牢牢拴在一起，在苍凉的天际之下取暖慰藉，可这种缘分恰如风云际会，太阳一出便消散在万里长空之上。

所以，珍惜二字，何其难写。

或许很多年以后，李白又站在桃花树下，恍惚桃红之后有人面若现，隔着几十年光阴，他如回少年时，探手轻轻描她的眉眼，鲜活如故。

许氏病逝后不久，李白携一双儿女离开了安陆这处伤心地，搬家至任城（今济宁）投靠亲友。

彼时李白的六叔在任城当县令，兄长在中都当县令，族弟李凝在单父（今单县）任主簿，从祖李之芳在济南做太守，近世族祖李辅在鲁郡（今曲阜市）当都督，几个族弟（如李幼成、李令问等）当时也都在山东。[①]

这处“风姓古国，运河之滨，有仁之城”成为安放他孤单灵魂之处。他在这里还认识了他的第二任妻子，一个姓刘的妇人。可惜，彼此理解何其之难，刘氏并不是特殊的那一个。她不懂他心中的诗和远方，她像许多寻常妇人一样，只在乎眼前的生活。摒除对于大诗人的滤镜后，李白并不能满足她对于一个丈夫的期许。李白自然也难以忍受柴米油盐的庸常，两人默契地散伙，各自天涯，不再提。

李白这一生浪迹四方，少有归处，便是前方无路亦要走上一走，他淋过山里的雨，走过雾里的桥，也见过豪华酒肆外孤单的云，很多路都是他一个人独自走过的。他不怕寂寞，他自安于旅途。这样的不羁洒脱让他与普通人格格不入，他好像没有缺点，浑身仙气。没有人如他这般了无人气，凡事无惧，也没有人像他这般视爱情如浮云，从无红尘情谊。

大约就像秦始皇从未立后般，李白的身侧也很难有并肩的仙子。他没有爱情，他孤身飞去。

能给他风雨夜归来留枯灯一盏的许氏值得敬佩，但转身离去的

① 引自戴俊雅所著《李白诗传：花间一壶酒》，长江文艺出版社 2019 年版。

刘氏亦无法过多苛责。人不过脆弱如蝼蚁，谁能无惧狂风？但求一片安然而已。李白不是她的大树，李白是飘飞的鸿鹄。

遨游世外，不沾尘土。

刘氏的离开让李白备感屈辱。

这一刻，李白想出人头地的心思无比强烈，强烈到他开始怀疑自我。

恰好好友韩准[1]、裴政[2]和孔巢父[3]得知李白在任城，特地前来拜访。他们是山东名士，目前在徂徕山隐居。那里山林险峻，群峰绵延，幽深的峡谷后有杂树繁花伴着溪流潺潺，绝对的隐居佳处。三人得知李白的处境，邀请他共同避世栖居。但是，此时的李白正处于羞愤的情绪之中，大鹏同风起之心澎湃，誓要翱翔天际让刘氏后悔。

他谢绝了三人的好意，漫游东鲁（今山东省）求仕途之机。当然，长夜幽暗，黎明不会那么快来到。激昂的斗志像倒挂的瀑布喷涌，至最高处轰然落下。

某一天的某一刻，他蓦地就低沉了下去。他不再年轻了，当年《上李邕》里誓要与天公试比高的义气早就不在了，有什么可自证的。

---

① 韩准：生卒年不详，唐朝人，山东名士。

② 裴政：生卒年不详，唐朝人，山东名士。

③ 孔巢父（？—784）：字弱翁，孔如珪次子，孔岑父之弟，孔子三十七世孙。

他转身回头，大雪纷纷落下，世人忽而白了头。

李白带着简单的行李，先是回家处理了一些琐事，而后奔赴徂徕山[①]寻找韩准、裴政、孔巢父，于这一年冬天彻底过上了隐居的生活，一同在这里的还有张叔明[②]和陶沔[③]，世人称他们为“竹溪六逸”。

低谷期的李白在这里度过了人生中最为安静的一年，他看花写诗，对雨抚琴，一如一年前送别韩准、裴政、孔巢父时写给他们的那首《送韩准、裴政、孔巢父还山》般，过着“雪崖滑去马，萝径迷归人”的日子，共三五好友细品生命中最本真的平淡。

生活嘛，片瓦遮天足矣，好与不好，不过心的感悟。

偶尔会想起从前，那些与“五陵豪”鬼混的日子，一转眼居然已经过了这么多年。

功名始终求不得，但好在他还能看到天上的云和月。

或许是徂徕山下的竹溪洗涤了他满身的疲惫，他终于休整生息好了。

在与竹溪山月相伴的日子里，他始终关注底层人民的生活。高

① 徂徕山：又称龙徕山、驮来山，泰山的姊妹山，属泰山支脉，位于泰安市东南。
② 张叔明：生卒年不详，唐名士，隐者，山东宁阳梧桐峪（今属华丰镇）人。
③ 陶沔：生卒年不详，唐朝诗人，开元年间任单县县尉。

阶之上的人哪里会低头俯瞰苍生呢？唯有诗人会摇着风铃自时代深处走来，浅浅吟唱生命之维艰。

他抬起头来，从竹溪离开，回到了别去一载的任城。

鲁东的秋天来得可真早啊，一夜间，霜就铺满了大地。李白闭眼深呼吸一口气，满腔都是蒲草的清香。

入目是农人们忙碌的身影，当地人制草席为生，在初霜降下的那一刻便要去水边割香蒲草，而后将其展开，放在日光下晒干，再制成一张张铺入寻常百姓家的草席。

“此草最可珍，何必贵龙须。”他想起那些达官贵人，他们看不上蒲草编制的草席，用的都是龙须草。可这两者又有什么区别呢？不都是用来纳凉的吗？要真说起来，蒲草制成的草席耐磨实用，更能抵抗岁月侵蚀，比那龙须草好上百倍不止。

这首《鲁东门观刈蒲》看似讲草席，实则讲民生。伟大的劳动人民啊，忙忙碌碌，晨昏劳作，如香蒲草般繁衍不息却又毫不起眼。可是，当龙须草折断在岁月的夹缝中时，香蒲草却依旧在笑春风。

历史或许会记住那几个巅峰之人，可历史永远都只是人民的历史。

从竹溪归来的李白站在田埂上看镰刀起落如行云，胸中激荡起一股难言的澎湃。他想，他还不能放弃。那就继续前进吧，为着心中的理想。

敲开盛唐门

任城时光慢。

光阴在日出而作、日落而息中缓缓流逝，一切都慢下来之后，心中的焦灼却愈发强烈，渐成星火燎原之势。

时间不等人，衰老将至尔，如果再这样碌碌无为下去，那他这一生就要白白蹉跎了啊。从出生起，他的生命就缺了一块，所以他四处追寻，希望用梦想来填补。沧桑至今四十余年，那缺口任雨打风吹去，被撕扯得更显破败，却始终不得填补。

无能、无力最是痛苦，那便只能日复一日地处在煎熬中。

大醉在门前时，村头邻里来报说有人找他。李白还以为是什么达官贵人的任用令，开心前去，却发现是堂弟。一瞬间，喜色变成失望，但转瞬又颇得慰藉，拉着堂弟家长里短起来。

这位堂弟就是给他续娶刘氏的人，李白将满腹牢骚一股脑儿发泄出来，生活不顺的愁闷连同怀才不遇的痛苦，悉数倾吐。他不明白为什么他如此格格不入，始终找不到自己的位置。有时候，他捧着酒杯看日头东升西落、农人忙忙碌碌，不免有种深深的无力感。

他自诩有大才，可最后连农人都比不上，一介书生百无一用，什么都做不了。

“羌戎事未息，君子悲涂泥”，他想要的从来就不贪心，什么荣华富贵，什么高官厚禄，他都不稀罕，他只想像公输班[①]和傅说[②]那样得以重用，而后济苍生天下以无恙和幸福。

二十年了啊，从弱冠到不惑，可他从未想清楚，依旧满心满脑都写着糊涂，糊涂他为何满腹才气还在如姜太公般钓鱼以待，糊涂他的愿者又何时才能上钩。

《赠从弟冽》写于李白穷途末路之时，全诗却满是万丈豪情，毫无英雄暮年的颓败。这大约便是他，也是后世者要读李白的原因，或许陶渊明告诉你不要为五斗米折腰，可李白却弯腰拿起五斗米，告诉你：“饿了吧，那就吃吧，不要饿着自己。”

从不内耗，从来骄傲，认定的路纵然看不到尽头亦要坚定地走下去。

---

① 公输班：鲁班。

② 傅说（yuè）（约前 1335—约前 1246）：殷商时期卓越的政治家、军事家，辅佐殷商高宗武丁安邦治国，形成了历史上有名的“武丁中兴”的辉煌盛世，留有“非知之艰，行之惟艰”的名句，被尊称为“圣人”。

堂弟走后，李白继续纵歌饮酒，颓废且快乐。

都说人在低谷期的时候最容易产生爱情，也就是所谓的事业失意，情场得意。大约有“所得甚少，总要抓住些什么”的心理在作祟，便喜欢在目之所及内寻找寄托。

一日，李白正在四处游荡，他看着万家屋顶上烟火袅袅，一种名为孤单的感觉席卷而来。不远处，海石榴花明艳照人，风过有余香幽袅，李白顺着香气看去，花海中似有仙子隐现。他以为看错了，揉了揉眼，却发现花中人的确不是仙人，却胜过仙人之姿。

那是一个明艳的女子，她穿着浅色罗衣，动人而不自知。“珊瑚映绿水，未足比光辉”，看似写海石榴花，却借海石榴花夸她；“愿为东南枝，低举拂罗衣”，他想变成花枝轻拂过她，却又怕惊扰佳人。

他愣怔好久，直到鼻间有芬芳随风迎面，才回过神来。他疑心这到底是海石榴花香还是眼前女子的脂粉香。他想向前一步，同她共折花枝，再细嗅那香气由来，可步伐徘徊，始终不得向前。

这是李白啊，乘风而去九天翱翔的李白，纵天子呼来亦不上船的李白，此生罕见地为爱忐忑，大约也就只此一回了。他写过许氏，那是家人，他恨过刘氏，那是对她不识自己的才气的愤懑，可真正以爱情之名出现在他笔下的，大约只有这位鲁女了。

爱情，让柔弱如孟姜女变得勇敢，让狂妄似李白变得怯懦。

他将这份情意全然诉诸《咏邻女东窗海石榴》一诗中，这首诗后来传到鲁女耳中，当然也有可能是李白寄给了她，总归是虏获了佳人心，这位鲁女成了第三位陪伴在李白身侧的人。

不久后，她替他生了个儿子，他珍重地看着崭新的小生命，虔诚地唤他颇黎[①]。

如果李白是一片大海，那爱情于他不过小小浪花，友情才是他毕生的主题曲。

他这一生流传的诗词有千余首，其中与送别友人相关的多达一百六十多首，写孟浩然是“孤帆远影碧空尽，唯见长江天际流”，写汪伦是“桃花潭水深千尺，不及汪伦送我情”，写金陵子弟是“请君试问东流水，别意与之谁短长”，而在四十岁这一年的夏天，他在金乡任县令的好友范金卿[②]即将到浙江任职，他一路送行，直到城外依旧不愿离去。

北郭青山横，东城白水绕，他无心美景，不停地挥手，耳边只有班马萧萧的嘶鸣。“浮云游子意，落日故人情”，他舍不得他，此外大约还有被遗落的失意之感。友人的人生在步步往前，而他被留

---

① 引自郭沫若所著《李白与杜甫》，中国长安出版社 2010 年版。

② 范金卿：即范崇凯，字金卿，生卒年不详，内江首位状元，也是四川的第一位状元，其《花萼楼赋》轰动京城。

在了原地。

这首《送友人》满是人生落寞的比对，可不甘心又如何呢？个体如此渺小，我们都被大势裹挟着往前，连方向都不能选择。

天宝元年（742年），大唐四海富庶，长安（今西安）、洛阳斗米百钱，外出旅行时轻装上阵即可，沿途皆有日用品，且社会安定，夜不闭户，行路无须带刀，朝内在唐玄宗的数年励精图治下达空前强盛之势。万国来朝的盛况让玄宗彻底迷失在繁华之中，再不复年少励精图治之壮志。唐玄宗将年号改为“天宝”，至此“以为有开天辟地之象，遂用之”的“开元”彻底终结于盛唐。

玄宗以为这是另一段盛世图景的开始，却不想，这是他亲手创造的帝国由盛转衰的转折。

彼时，张九龄被罢黜，李林甫登上相位，再之后杨国忠[①]一步登天，唐朝这座豪门山雨欲来，每况愈下。数年后，杜甫看着山河破碎，想起那个遥远的梦，“忆昔开元全盛日，小邑犹藏万家室”，明明才过不久，却已恍若隔世。而此时大风起于青萍末，玄宗还在他亲手缔造的幻影里狂欢不愿起。

至于李白，此时将将敲开盛唐这座豪门。

---

① 杨国忠（？—756）：本名钊，蒲州永乐（今山西芮城西南）人。唐朝时期外戚、权臣。张易之的外甥，杨贵妃的堂兄。

李白怀着满腔抱负登上了泰山。

他犹记开元十三年（725 年）的春天，怀着一身凌人盛气来到金陵，妄图得到达官贵人的举荐，奈何文武百官在玄宗率领下赴泰山封禅，无人理会他的壮志凌云。

一眨眼已经过去十七年了，李白不再是当年的李白，大唐也非昨日大唐，但泰山依旧是泰山。它巍峨于天地间，千百年来从未变过。

他站在泰山之巅，遥想当年的帝王会是何等风姿，感慨之余留下《游泰山》六首。当时的他可能不会想到，他也即将平步青云而上，站山顶睥睨朝堂。他只轻叹乘风破浪未有时，而后就“感此三叹息，从师方未还”。

在泰山游历的时候，他遇到了好友鲁颂，两人相携着遍览绵绵青山，而后载兴而归。

鲁颂口才超群，颇得战国时鲁仲连[①]的风骨，李白向来倾慕这位齐国说客，想他一生高风亮节，以一己之力断绝魏将新垣衍[②]尊秦为帝的念头，又助力齐国以箭书退敌百万。如此功绩却不倨傲，

---

① 鲁仲连（约前 305—约前 245）：又名鲁连，尊称“鲁仲子”或“鲁连子”，战国末期的齐国人。

② 新垣衍：亦作辛垣衍，生卒年不详，战国时期魏国将军。奉魏王之命怂恿赵王拥秦为帝，遇鲁仲连并与其辩论。

面对齐王封爵之赏谢绝而去，至东海隐居，不知所踪。

这位后人口中的鲁高士是李白心之所向，他此生为他写有诗文十数首，这首借送别鲁颂而就的《别鲁颂》不过其中之一，“独立天地间，清风洒兰雪”，他多想像他一样建功立业，而后挥一挥手不带走半分云彩，徒留后世一段传奇。

彼时的李白经历太多失意，已然不再对前途抱有太大的期许，可他不知道的是，不知何时，盛唐这座豪门已悄悄向他打开了一条缝。

不久后，李白收到一封信，这封信来自元丹丘，这位多年老友告诉他，自己将以道家流受召入朝为道门威仪。

李白眼前一亮，他好像看到了一束光，一个属于他的舞台即将登场。

长安谪仙人

从泰山下来不久，李白收到胡紫阳去世的消息。

自玄宗改年号为天宝后，朝野上下对道教的推崇愈演愈烈，胡紫阳受命入宫，却不为其他术士所容。这位在餐霞楼上吞吐朝露的仙人也不堪朝堂纷争，他成日郁郁寡欢，不久后请命回归故里，却在途中驾鹤西去。

胡紫阳享年六十二岁，他并没有长生不老。

曾经那么鲜活的人们，戴高帽、挥广袖，天地无穷任遨游，现下一个个化作尘土，挥挥手连云彩都不曾带走。李白心中悲恸不已，在《汉东紫阳先生碑铭》中感慨生命存在的意义，“存也，宇宙而无光；殁也，浪化而蝉蜕”，生是宇宙之光，死了化作蚕蛹，又会否在另一个世界往生极乐？

胡紫阳故去后，元丹丘以道家流受召入朝为道门威仪，这位李白相交三十年的故友先前是他的心之安处，现在成了他隐形的羽翼。

李白哀悼完胡紫阳后赶赴元丹丘的炼药院，希望老友能帮忙美言几句。元丹丘彼时正忙于进京事务，无暇顾及他，他便对着院中的铜镜自我审度。“长吁望青云，镊白坐相看”，时值寂寥秋日，镜中自己的容颜如叶凋零，曾经的青丝早已雪满头，他颇有感触地拽下一根银发，随着《秋日炼药院镊白发赠元六兄林宗》赠诗郑重地交给元丹丘。

元丹丘当然知道他的胸怀激荡和暮年不得志的不甘，他们从低谷中携手走来，自然要继续一起走下去。

入朝不久，元丹丘便立即向玉真公主提及李白，并将李白曾经写过的《玉真仙人词》虔诚地呈上。至此，这首作于十二年前的干谒之作终于发挥了它应有的作用。

玉真公主十分喜欢这首词，将李白先前写的《明堂赋》《大猎赋》悉数推荐给玄宗，玄宗见之惊为天人，当即征召李白入京。

李白收到诏令时恰逢金秋，此时的漫天黄叶再不复秋色寂寥，而成了丰收的象征。游历越中（今绍兴）的计划作罢，他“得心自虚妙”地留下一首《金门答苏秀才》拜别山中好友苏秀才，快马扬鞭归去，迎面的风都成了掌声。

这种愉快的心情被他完整写进了《南陵别儿童入京》中，字字句句都是喜悦，便是隔着千百年时光，后世之人依旧可一窥他当年的喜悦之情。

白酒新熟山中归，黄鸡啄黍秋正肥。
呼童烹鸡酌白酒，儿女嬉笑牵人衣。
高歌取醉欲自慰，起舞落日争光辉。
游说万乘苦不早，著鞭跨马涉远道。
会稽愚妇轻买臣，余亦辞家西入秦。
仰天大笑出门去，我辈岂是蓬蒿人？

他一路高歌，大笑着踏入南陵的家门，院里的黄花鸡被主人的兴致感染，一窝蜂“咕咕”叫开，丝毫不知道它们很快就会成为一碟碟精致的下酒菜。奴仆细心地将酒满上，李白边喝边高歌，身侧还有娇妻稚儿，人生的欢愉在此刻达到了巅峰。

开心啊，多少年的梦想就在眼前，怎能不让人迷醉？醉醺醺的诗人一头扎入落日余晖的万丈光芒，在霞光中起舞弄影，他的身上被镀上一层金色的光芒，那光芒比天边的夕阳还要夺目。

他的满腔热血彻底沸腾起来，蹉跎二十余年的豪情如风干的柴，一朝狼烟起，不燃尽最后的余热绝不罢休。天际斜阳顷刻被地平线吞没，李白又担忧起夕阳近黄昏，他将至暮年了啊，也不知还有没有机会。犹记朱买臣[①]同他一般晚年得志，朱买臣有过一个离去的妻子，后来朱买臣得到汉武帝重用成了会稽太守，其妻很是后悔。“会稽愚妇轻买臣，余亦辞家西入秦”，他一定可以像朱买臣一样宏图大展，离他而去的刘氏肯定也会如朱买臣的妻子般悔断肝肠！

李白不再担忧，他扬起眉毛，深深吐出一口气，大笑着摔门而出，疾步向大唐豪门奔去。

长相思，在长安。

曾经的云端美人终于撩开帘幕，向他展露了如花容颜。

站在长安街头，李白恍然想起十二年前，他也曾这般任身边之人来去，可彼时的笙歌清语和他无关，他只有一腔茫然。

而今一切都不同了，他恍惚徜徉在街头巷尾，耳边有幻声传来，让人疑心是不是至交好友的呼唤。可没有人招呼他，当年那些好友早已天涯各自远。

听说这里曾有个不起眼的小庙，后来因为皇帝的诏令摇身一变成为宫观，这便是而今赫赫有名的紫极宫[②]。李白慕名前往，竟然在这里见到一张熟悉的脸，这个人叫贺知章。

---

① 朱买臣（？—前115）：字翁子，会稽郡吴县（今江苏苏州）人。西汉大臣。

② 紫极宫：中唐时期的宫观，在长安城内，李白“谪仙”之名由此而来。

彼时，贺知章还未归乡，也没有写出千古名篇《回乡偶书》，却已作为太子宾客名满天下。出乎意料的是，他居然读过李白的《乌栖曲》，对李白呈上的《蜀道难》更是感到惊艳无比。史传，其读完“称叹数四”，并惊呼李白为“谪仙人”[①]。

人与人之间的缘分就是这么奇妙，有时相识数年却不过酒肉之交，有时初次见面却已是灵魂知己，李白和贺知章便是如此。他懂他仙风道骨外的沉重抱负，他也明白他位居高堂后的旷达追求。他们一杯又一杯，好像这般喝了千年万年。从紫极宫出来后，两人踏着落日黄昏，找了间酒肆继续喝。喝完发现没带钱，贺知章便将朝廷赏赐的金饰龟带取下来换了酒钱，李白见之大惊，贺知章却摆摆手以示不必在意。

彼时作为太子宾客，贺知章相当于一个正三品的朝廷命官，身份尊贵非李白能比，可他却能如此平等地相待他这个落魄文人。李白感动非常，两人至此成莫逆之交。

后来，贺知章果然在玄宗面前大肆美言李白之才，称其文采天成，有仙人之态，玄宗刚从玉真公主处得知李白大名，此时再度听闻，无疑让他对李白的好奇达到了极点，读了贺知章呈送的李白诗作发现他确有天人之才，当即命李白前来面圣。

---

① 引自仇兆鳌所著《杜诗详注》卷八，中华书局 1979 年版。

接到诏令后的李白在宦官的一路喝令中到了金銮殿，他在金碧辉煌的殿前住了脚，抬头，朱门之上有流云缓缓，天气真好啊，像极了出蜀道那天的万里碧空。

他抬起脚，进了那座他梦中出现了千百回的天门大道。

短短一条路，他走了二十多年。

二十年风雨过，曾经的孩童早已成家，又有了小小孩童，而他才终于临门一脚，踢开艰难蜀道，登青天而上。

大唐，他来了。

远远窥见梦想中的帝王高坐金銮殿上，俯瞰万民之姿若九天神祇。

那是他的王，那是他毕生理想之所在。

李白屏住呼吸，一步步向前，忽然，那高高在上的帝王竟然从龙椅上走了下来，亲自到他面前迎接他的到来。

他以为看错了，呆了一瞬，下一刻龙目凤眼就在眼前，那是他在画本子上看过千回的至高存在。

“你就是李白吧！”唐玄宗激动不已，他向来爱才，更何况是李白这样的大才。

满朝大臣艳羡的目光自金碧辉煌的宫殿涌来，李白飘飘然如在云端，他一瞬间以为自己身在梦境，又疑心只是酒醉未醒。

那些年的伶仃飘零自脑海闪过，他想到了瞧不起他的李邕，想到了早早病逝的许氏，也想到了扬州客栈里那轮小小的、寂静的月。多少年的坎坷，他一个人走过，身边落花飞雨，心酸无人说。

这一刻，终于要结束了啊。

可是，李白之所以是李白，就是傲气永远都在，从不因为任何夸奖或者贬低而有所改变。

是啊，他就是李白，太白星入怀而生的“谪仙人”！

面对玄宗亲手为他调制的羹汤，李白抬高了头，如大鹏在耀眼光芒下展开巨大的翅膀，接受这一刻的万众瞩目。

这幅场景，他等了太久，好在终于来到。

“爱卿好文采，朕就命你为供奉翰林，如何？”玄宗开怀大笑着转身，李白的仕途之路在这一转身中尘埃落定。

翰林院，唐朝为具有艺能人士设立的机构，其职分两种，一种翰林供奉，一种翰林学士，前者作为特殊人才供职于翰林院，后者担当起草诏书的职责。玄宗给予李白的，正是那并无实权的翰林供奉，也就是皇帝的御用文人。显然，这和李白兼济天下的政治抱负南辕北辙。

听闻封诏，李白的心沉了下去。

他跨越山海无极，终于站在了伟大的君王面前，却发现这世上最远的不是山与海、鸟与鱼的距离，而是近在咫尺却无能为力。

天子呼来不上船

当最伟大的诗人和最威严的帝王相遇，世间的光辉齐聚一处，万物都失去了色彩。

可是，暗夜烟火绚烂却也短暂，熄灭后是无尽的黑暗。

在长安的日子并不忙碌，闲暇时他不喜欢和同僚待在一起，而是成日游荡于寻常百姓间。

长安的光华，永远都是属于最上层的人们，民间百姓无论兴亡皆苦，天下大势、时代变迁于他们而言没有任何意义，眼前的生活才是全部。他在民间看遍百态，君王还未出现在他笔下，芸芸众生已经先一步成形。他写《子夜四时歌》，春夏秋冬都写透，春有罗敷女，夏是西施面，秋来良人远，冬日缝衣裁，笔笔都是百姓，字字皆为民生。他写《乌夜啼》，天上黄云卷，城边乌鸦啼，机中织锦女，边疆征夫远，大势滚滚，人间雪纷纷，无人在意蝼蚁苦，只剩泪沾满袖襟。

他好像实现了自己的抱负，扬眉吐气了，名满天下了，可又好像离自己的理想更远了。

天已经黑了，李白仍旧游荡在长安街头，不远处是落寞的万里黄昏，眼前是老树、昏鸦、枯藤，在啼鸣中他想起五岁那年离开碎叶时看到的场景，大漠孤烟下有繁华街巷，热闹无比，他向前伸手，可眼前的一切一戳就散了。

父亲告诉他，这是海市蜃楼。

不知道为什么，他看着长安花开，听过耳边马蹄之声，总有种惶恐之感，疑心下一刻这满目锦绣就要消散。

彼时大唐盛况空前，史称万国来朝，但盛极而衰之理亘古不变，李白作为一名诗人，敏锐地察觉到朝中暗潮涌动：君王沉迷享乐，流连美人之间；宫中大权旁落，小人层出；边疆战乱迭起，外患内忧。

他什么都做不了，他只是个翰林供奉。

玄宗爱才，对李白赏识有加，可玄宗更爱享乐，前半生的大刀阔斧让他彻底沉迷于亲自构造的盛世美梦中不愿醒，他听不进任何规劝的谏言，他只想快活平生。于是，李白一边在玄宗的宠幸中愈发狂放，一边又在抱负无法施展的懊恼中日日消沉。

他想过用含蓄的方式表达出政治立场，但作为御用文人，下笔诗词均为奉命所写，很难有发挥的空间。

可他是李白啊！君命难违，自我更难违，他难以忤逆圣恩，只得假意大醉，向那无上尊崇之人请求“赐臣无罪”，再将隐晦箴言说出口。清醒的人醉在盛世永存的歌舞美梦中，而大醉的人却无比清醒地知道脚下的高楼已有裂痕。

在宫中的日子，他写下了数十首《宫中行乐词》，岁月辗转后将将留下了八首。这八首诗里，他没有写华丽的妃嫔，而是将视线放在了宫女身上。“更怜花月夜，宫女笑藏钩”，一个怜字写出了诗人的怜悯；“素女鸣珠佩，天人弄彩球”，一个素字满是对笔下人的共情。

彼时宫中最不缺的便是蛾眉粉黛，这些宫女大多不是妃嫔，而是出身卑微的民间女子。她们傲然绽放，又默默枯萎在宫墙里，一生都很难得见天颜，她们像寂寞开落的鲜花，零落成泥碾作尘，无人知其曾烂漫。

在皇宫中，这些风情万种的女子是盛世牡丹周围点缀的群芳，灿烂芳华只为烘托出那一朵。自古如汉朝美人赵飞燕[①]及当今绝色杨玉环者又能有几人？一朵荣光下掩盖的，是无尽鲜妍背后的黯

① 赵飞燕（？—前1）：名宜主，号飞燕，汉成帝刘骜的皇后。

淡。这些女子本可有平凡的幸福，如今却深陷宫墙，为着玄宗梦中的盛世做点缀，平白耗去青春。

可这样的幻梦，又能延续到几时呢？

对于李白殷殷的劝谏，玄宗完全无视话外意，依旧纵情声乐。李白后来又写过《阳春歌》，同样借用了赵飞燕的典故敲打玄宗，“圣君三万六千日，岁岁年年奈乐何！”依旧没什么用，他不是君王眼中的管仲[①]，他是滑稽朝堂的东方朔[②]。

或许是因为希望太大，所以在幻影破灭的这一刻，李白才会如此失望。

他越发行为怪诞，与周遭格格不入，像一支人间灵笔游走在纸醉金迷之间，写下违心的庸语俗言。

他一日日消沉下去，直到某一天，他见到了一个女子。

杨家有女初长成，养在深闺人未识。

——白居易《长恨歌》

① 管仲（？—前645）：姬姓，管氏，名夷吾，字仲，颍上（今安徽颍上）人。周穆王的后代，春秋时期法家代表人物。

② 东方朔（前154—前93）：复姓东方，名朔，字曼倩，西汉时期文学家、辞赋家。

佳人难得，一顾倾城、再顾倾国的美色从不会被遗忘在北国。这朵被玄宗采撷的倾城之花名唤玉环，是蜀州司户杨玄琰[1]的女儿，也是玄宗第十八子寿王李瑁的妃子。

据说杨玉环长得很像李瑁的母亲武惠妃，而武惠妃十分得玄宗宠爱，她病逝后，玄宗郁郁寡欢。高力士为讨圣上欢心便推荐了杨玉环，玄宗见之倾心，为同其厮守，先令她出家为女道士，后又册封她为贵妃，位次等同皇后。

盛极的时代绽放出倾世牡丹，雍容繁花又邂逅了仙笔入画，至此大唐完成了一个时代最巅峰的会面。

“云想衣裳花想容，春风拂槛露华浓。”这是李白笔下的杨玉环，这是长安如花隔云端的具体化形。哪怕白居易后来在《长恨歌》里再大肆描写杨玉环的美貌，可“回眸一笑百媚生，六宫粉黛无颜色”的直白到底是不如李白《清平调》中的犹抱琵琶半遮面。

这首诗是一段传奇，可诗情的开始却是一个日渐心灰之人的半醉半醒。

彼时的李白早已厌倦翰林生活，成日浪迹长安街酗酒。一日醉生梦死之际，宫中轿辇突然出现在眼前，不待酒醒便将他直接抬去

① 杨玄琰：杨玉环生父，生卒年未知，曾任蜀州司户。

宫中。兴庆宫[1]的沉香亭里，牡丹花正在盛开，玄宗和贵妃在湖边赏花看月，身前一众伶人歌舞不休。

见李白醉醺醺的，宫人有眼力见儿地一勺冷水将他泼醒。

“爱卿，如此花月良辰，可添新词否？”玄宗示意宫人递上金花笺。

心间寂寥和宫廷喧嚣，形成无尽对照。李白一气呵成《清平调》三首：

云想衣裳花想容，春风拂槛露华浓。
若非群玉山头见，会向瑶台月下逢。

——《清平调》其一

诗中美人绝非精描细摹的刻意，而是一种浑然天成的感觉。

在这一面之前，传闻他并未见过贵妃。想来确实如此，美人在意不在形，眉眼如黛、山似鼻的局部再精细亦不如遗世独立的倾城一顾，若白居易写杨玉环是揭开面纱的惊艳一眼，那李白写杨贵妃便是覆上面纱的入魂佳人。

《清平调》共三首，其二“借问汉宫谁得似？可怜飞燕倚新妆”

① 兴庆宫：唐玄宗做藩王时期的府邸，唐玄宗登基后大规模扩建，成为长安城三大内之一，被称为“南内”。

一句让世上多了“环肥燕瘦”这个词，也让作为四大美人之一的杨玉环有了不同于其他美人的独特传奇。

名花倾国，君王带笑常看，却也惹春风无限恨，及至江山步步颓去，大厦坍塌，独剩后人空倚栏杆。

在朝堂一片欢声笑语中，边疆战事愈发激烈，李白满腔报国情无处发泄，写了一首又一首《塞下曲》，“愿将腰下剑，直为斩楼兰”，他多想策马疆场为国建功，可他只是个舞文弄墨的文人，满朝指鹿为马人，无人听他说心声。

五月天山雪，无花只有寒。
笛中闻《折柳》，春色未曾看。
晓战随金鼓，宵眠抱玉鞍。
愿将腰下剑，直为斩楼兰。

——《塞下曲》其一

他偶尔会想到年少之时的往事，那是他还在碎叶的时候，边城路远，天山飘雪后总有无尽的战乱。策马疆场的夙愿或许早于那时写下，可“银鞍照白马，飒沓如流星”大约永远只是一个梦，他最终成了一个百无一用、供人取乐的书生。

“汉家战士三十万，将军兼领霍嫖姚”，他多羡慕西汉名将霍去病[①]啊，十七岁的嫖姚校尉，十九岁的骠骑将军，他在《胡无人》中完整地表达了这一艳羡之情。也大约是这时候，李白叱咤朝堂的梦正式破灭。

他并非觉得文臣无用，而是明了当下朝堂，成为一个文人有多无力。大约，只有“但歌大风云飞扬，安得猛士兮守四方”的壮怀激烈，才能实现他的理想。

在长安的日子除了写诗做梦，他还四处游历。“暮从碧山下，山月随人归”，时隔13年，他又去了终南山。犹记三十岁那年，他怀揣着梦想在玉真公主的别馆等候召见，结果被凄风冷雨一点点浇灭热情。而今，山里依旧，他却白了头。

他穿过苍翠的山林，在幽静小路的尽头偶遇一位斛斯山人，“相携及田家，童稚开荆扉”，山人邀请他去家中做客，他于是在松树下长歌，和山人在曲尽后看天河。

此地星月寂寥，却比长安繁华更能让他得到心的圆满。

为了纪念这次相遇，他写了一首《下终南山过斛斯山人宿置酒》，回来时经过汉宣帝的陵墓，他涉渭水南岸而上，遥望北有五

---

① 霍去病（前140—前117）：河东郡平阳县（今山西临汾）人，西汉时期名将、军事家。汉武帝皇后卫子夫及大司马大将军卫青的外甥，大司马大将军霍光同父异母的兄长。

陵，又留《杜陵绝句》以祭心之孤寂。

可是再逃避也没有办法，还是要回到那处让他浑身不自在的地方。

一边是玄宗的器重，一边是同僚的排挤，李白自傲又苦闷，他恃才狂放举目天上，可蓦然低头，脚下却早已泥泞不堪。

这个阶段他写了很多诗以抒胸臆，如《古风》里借越国鱼目混珠的故事嘲讽奸人，《长门怨》中用陈阿娇[①]的失意发泄苦闷。流萤天边去，宫门冷清清，他的世界主上进不来，他的心声也无法入君怀。

失落得多了，就容易忆从前。

偶尔想起隐居徂徕山的日子，他坐在假山里写《秋夜独坐怀故山》，“秋山绿萝月，今夕为谁明？”那时候，一个人在秋山绿萝间看月明，心却也自得圆满，哪里像如今这般，人越多越孤单。

深秋的夜晚，李白像个幽魂，和眼前的辉煌格格不入。

除了徂徕山，他也怀念东山，想那东晋的谢安人生再起时也同他现下一般年岁了吧？谢安也曾被佞臣针锋相对过，可最后依旧立下伟大功勋，不知道自己的前路会否如他般柳暗花明？李白高唱着

① 陈阿娇：孝武陈皇后，名不详。堂邑夷侯陈午与大长公主刘嫖之女，汉武帝刘彻的第一位皇后。

“欲报东山客，开关扫白云”，留下《忆东山》二首。

在这种心绪下，李白愈发行为乖张，也惹来同僚更多的不满。

他没办法在那群人中虚与委蛇，于是更加放达，有时候连玄宗的诏令都有所疏忽。后来的好友杜甫曾经写过他这一段经历，一句“天子呼来不上船，自称臣是酒中仙”足以概括。

好在还有贺知章，那位《饮中八仙歌》中老大哥般的存在，“知章骑马似乘船，眼花落井水底眠”，那就一起游戏人生吧，在井中捞月，在水底酣眠。

人生须尽欢，因为秋霜不知何时会来到。不久后的冬天，时年八十六岁的贺知章大病一场，属于他人生的末章开始起笔。

曾经生命中的人一个个写下道别语，他讷讷伸手，看似满身锦绣，却空无所有。

赐金放还去

天宝三载（744年），突厥内乱，回纥[①]得突厥土地，日渐强盛，成为大患。

边疆山雨的呼啸被朝堂歌舞盖去，自信天下太平的玄宗任命安禄山[②]接替裴宽[③]任范阳（今北京）节度使，并将一切政事委任李林甫处理。

伟大的帝王殿上高枕，无忧安眠。

此时距离入职翰林已一年有余，李白在玄宗的恩宠下愈发傲慢，适逢对建功不成几多焦灼，不羁之余又有几分乖张，让他树敌

---

① 回纥：后改名回鹘，中国少数民族部落。

② 安禄山（703—757）：初名轧荦山，本姓康，或以为源出康国，随母嫁突厥人安延偃，改姓安，更名禄山，营州柳城（今属辽宁朝阳）人。唐朝安史之乱的始作俑者。

③ 裴宽（681—755）：唐朝大臣，袁州刺史裴无晦之子。

无数。

他从未这般寂寞无解，欲捞月却只能眼睁睁看波面散掉。不甘愤恨之下写过不少发泄情绪的诗句，如《鞠歌行》中的“荆山长号泣血人，忠臣死为刖足鬼”，《玉壶吟》中的“西施宜笑复宜颦，丑女效之徒累身”，他一心向明月，奈何明月照沟渠。这一刻的李白不知是否隔过千年时光同汨罗江边的屈原有所共鸣？或许有，或许没有，但他笔下千言却与屈原有着相似的命运写照。

最初的最初还有知己在左右，如李适之[①]、崔宗之、张旭[②]等，可随着人生之舟孤帆起航，彼此天各一方，到底谁也不能永久陪伴谁。忘年之交贺知章在一场大病后忽参透人生本真，他自觉时日无多，思乡之心愈胜，再无心纸醉金迷，遂一纸上书告老回乡，如叶飘零半生又重新落土归根。

离别时，唐玄宗亲自为他送行，李白也在其列。

京城东门的长乐坡上满是朝廷设立的帐幕，百官浩浩荡荡站了数排，替贺知章饯行。

---

① 李适之（694—747）：原名李昌，陇西郡成纪县（今甘肃秦安）人。唐太宗李世民曾孙，恒山愍王李承乾之孙。唐朝宗室、宰相、诗人。

② 张旭（685？—759？）：字伯高，一字季明，苏州吴县（今江苏苏州）人，唐代书法家，擅长草书，喜欢饮酒，世称“张颠”，与怀素并称“颠张醉素”，与贺知章、张若虚、包融并称“吴中四士”，又与贺知章等人并称“饮中八仙”，其草书则与李白的诗歌、裴旻的剑舞并称“三绝”。

贺知章此行离开，是打算彻底身归道家，官员们都受玄宗之命作诗送别，李白也响应圣命作《送贺监归四明应制》以赠，“瑶台含雾星辰满，仙峤浮空岛屿微”，字句华丽，颇得御用之风，但“借问欲栖珠树鹤，何年却向帝城飞”的冠冕堂皇又如何能表达李白心中惦念不舍之分毫？私下里，他又写了一首《送贺宾客归越》给贺知章，“山阴道士如相见，应写《黄庭》换白鹅”，要什么富丽堂皇，要什么上得台面，他就想闲云野鹤，就想学王羲之向山阴道士换鹅[①]。

李白痴痴地看着贺知章远去的背影，感叹这只栖息在琼树上的仙鹤不知何时会再回长安，同他痛饮三百杯？

一身布衣灌满风，千秋朝事奈若何，贺知章挥挥手，没有再回头。

回去不久，元丹丘欲言又止地告诉他，自己也打算离京了。

“此地终究不是吾之归处。”元丹丘叹息。

师父胡紫阳的前车之鉴仍在，他早该明白这个道理，否则何至于白白蹉跎这么久？李白没有好友想得明白，元丹丘无意苦争春，可一任群芳妒是他李白几十年的梦想，他不想那么快说放弃。

好友的离去让他阴沉的心又多几层乌云，他一路替他送别，想

---

① 出自典故“写经换鹅”，王羲之写《黄庭经》向山阴道士换鹅。

说什么，最后出口只余长叹，就这样一直到了华山。

“西岳峥嵘何壮哉！”黄河壮阔，浩浩荡荡，宛若从天上流淌而下，水击石过，如雷在耳畔轰鸣炸开，溅起水花飞落人面，风过带起满身清凉。

心头忽然拨云见日，离别的沉重消失，步伐都轻快了许多。

“玉浆倘惠故人饮，骑二茅龙上天飞”，算了，走就走了，只是丹丘生啊，你要是能够得到琼浆玉液，别忘了和我共享，带我一同飞到华山九天上啊！他殷切地写下《西岳云台歌送丹丘子》，而后不再相送，他们各自分道去自己该去的地方。

华山静默矗立天地间，目送他们南辕北辙的背影渐行渐远。

回去后，李白面对繁华的长安街道，只觉空空又荡荡。

元丹丘的离开让他失了心灵的寄托，成了飘零小岛，而少了贺知章则让他失了身躯的倚仗，丝毫无法抵抗各路酝酿的攻讦。

无所事事的日子好像要扼断鲲鹏的翅膀，将之困养牢笼。

李白愈发沉迷于杜康，成日浑浑噩噩。酒能解千愁，却也是万般灾祸的源头。

一日，他还未完全清醒，就被三喝五令叫到朝上，唐玄宗见他摇头晃脑，似是诗兴正酣，当即命李白吟诵。朝中人脸色各异，尤其是杨国忠和高力士，面上的不喜赤裸又浓烈。

李白知道这两人大权在握、风头正劲，他本该畏惧，可想到就是他们祸乱朝纲，使本该清明的江山如此乌烟瘴气，又实在难以忍耐，心之郁结借着酒劲喷薄而出，如华山之水自天上不绝。

他醉醺醺地指着杨国忠：“我要右金吾替我捧墨！”

又往地上一坐，伸脚朝高力士：“我要大将军替我脱靴。”

何止是杨国忠和高力士，举朝众臣皆大惊。他们从未见过如此大胆之人，寻常人便是巴结此二者亦来不及，何来胆色命令他们？

最终，在唐玄宗的旨意下，两人硬着头皮照做，可自此，暗处的不满浮至明面，李白也彻底得罪了这朝中最大的两方势力。

大唐的高楼还未倒下，李白的仕途已经山雨欲来。

这之后，李白进一步被排挤。

大约彼时他才明白，世间真正的寂寞不是山里无人空祭月，而是他们来去他却空满楼。

得罪了最大的势力，当然没人愿意同他来往，人精遍地的朝堂，众人都怕被牵连、被嫉恨，明哲保身是第一门学问。他有时候站在熙熙攘攘的大庭中觉得自己像棵树，但树都比他热闹，至少风过有叶摇。苦闷啊，怎么不苦闷？那般爱热闹的人，从来不曾形单影只过，现在却要学会自得其乐。

那段时间，人们看得最多的便是李白一个人喝闷酒，对着月亮一杯又一杯。一开始，他还会热情地招呼路过的人畅饮，几次后发现没人理会，他就再也不叫了，一个人对着月亮摆好酒杯，自斟自酌。花香在夜间晚风下幽幽袭来，他偶尔转头看人影匆匆，无人应答他。他又回过头，一道黑影在脚底默默陪伴。影子无言，他喝它也喝，他停它也停。

李白觉得很有意思，饶有兴致地给它也摆了一个杯子，喝一口敬一杯。天上明月高高悬挂，月亮不说话，李白偏要拉上它。于是，便有了这首传唱千古的《月下独酌》：

花间一壶酒，独酌无相亲。
举杯邀明月，对影成三人。
月既不解饮，影徒随我身。
暂伴月将影，行乐须及春。
我歌月徘徊，我舞影零乱。
醒时同交欢，醉后各分散。
永结无情游，相期邈云汉。

共月饮酒，只影伴左右，这样的场景每天都在发生，这样的诗他一共写了四首。

他说“贤圣既已饮，何必求神仙”，他说“不知有吾身，此乐最为甚”，他还说“所以知酒圣，酒酣心自开”，其实这样也挺好的，安心过下去，不愁吃喝，自在逍遥，想什么金戈铁马呢？

可是啊，这样自欺欺人的日子，也过不下去了。不久后，官僚圈子里流传出唐玄宗打算给李白安排官职的消息，他高兴地四处打听，等待好运降临到头上，可一纸官宣迟迟不来，等待像个笑话，命运在暗处嘲笑他。

这样的事情发生过好几次，他慢慢就明白了，有人从中作梗。

是谁呢？是杨玉环。

最初的杨玉环，很喜欢《清平调》。

她时常吟诵这首诗，甚至还令宫人将其编排成曲调清唱，可后来渐渐有了些奇怪的声音传来，她心中生疑，拉着交头接耳的宫女细细询问，才知宫中不少人觉得这实则是一首讽刺她的诗。

如何不是呢？都将她比作那赵飞燕了。赵飞燕是谁？祸国妖女啊！被历代后宫女人视为不祥、避之如蛇蝎的祸水。

杨玉环得知大怒，至此对李白生了嫌隙。

于是，这句借贬赵飞燕盛赞杨玉环美貌的“借问汉宫谁得似？可怜飞燕倚新妆”成了终结李白仕途生涯的罪魁祸首，在之后每次玄宗意欲重用李白时，只需美人轻轻垂泣，多少功名便化作尘土。

李白再后知后觉，大约也知道是谁在搞鬼，毕竟能神不知鬼不觉地左右贵妃耳风的，无非是那两个权势最为滔天且同贵妃最为亲密之人。但他又能如何，有时候本意和初衷并不重要，人言才是最可畏的。

想明白后，他便清楚，自己想要的仕途再无可能了。

最初很是不甘，也曾挣扎过，他写《把酒问月》，对着月亮问出心中疑问。“今人不见古时月，今月曾经照古人”，当年的张若虚[①]是否也曾如他这般陷入人生绝境，站在江月边发出“人生代代无穷已，江月年年望相似”的感叹？他后来怎样了呢？完成心中的梦想了吗？又或者只能在无尽的沉默中了此残生？

难啊，太难了，一代又一代的人发出同样的疑问，困在同样的山坳里无法前行。

“吾观自古贤达人，功成不退皆殒身。”他痴痴地看着月色，那些消失在历史长河的人纷纷向他招手，他没有办法像许由[②]、伯夷[③]与叔齐[④]一样弃世，也做不到如屈原、李斯那样殒身而死。那该怎么办呢？如何才能实现管仲、张良和诸葛亮的壮举呢？怕是不行了

① 张若虚（约670—约730）：唐朝诗人，“吴中四士”之一。代表作《春江花月夜》被誉为唐诗开山之作，享有“孤篇盖全唐”之名。

② 许由：一作许繇，生卒年不详，是上古时代一位高尚清节之士。

③ 伯夷：商末孤竹国君长子。墨胎氏，名允，字公信。著名隐士。

④ 叔齐：子姓，墨胎氏，名致，字公达，生卒年不详，商末孤竹国（今河北卢龙西）君第三子。

吧……那不如，就当张翰[①]吧，人生一杯酒，不看身后名。

留下一首《行路难》后，李白呈上告退书。

他的君上没有挽留他，赐金以赠，放其还乡。

至此，横跨三年的长安旅，终其一生的仕途梦，在一年多的翰林生涯中画下句点。当年高吟着“仰天大笑出门去，我辈岂是蓬蒿人”而来的诗人，又吟着“一朝去金马，飘落成飞蓬”离开了深深宫墙。

别了，长安。

① 张翰：字季鹰，生卒年不详，吴郡吴县（今江苏苏州）人。留侯张良后裔，吴国大鸿胪张俨之子，西晋文学家。

㈤ 求仙问道去

青天里的太阳和月亮碰了头，

尘世香案燃起，

红尘多少人，望天遥拜去。

李白和杜甫的相遇，是千古文坛最浪漫的奇迹。

杜二甫和李十二白，

还有高达夫、李北海和范野人。

金风玉露相逢，人间无数噤声。

友情啊，这世上山河飘摇、宦海浮沉，唯这一刻的高山流水，最是慰人。

伟大的相遇

在中国历史上，存在两次最伟大的相遇。

一次是春秋战国时代孔子踏战火纷飞来到老子身边，大限将至的道家于垂垂暮年郑重地挽起儒家干枯的手，完成了哲学史上最伟大的一次思想交汇。

一次是天宝三载（744 年）的夏天，李太白在洛阳花谢中邂逅杜子美，赐金放还的诗仙于醉意朦胧中举杯名落孙山的诗圣，共饮一杯天上人间的双重失意。

关于杜甫和李白的相遇，纵然红尘滚过千年，后来却再也没有这般的传奇了。对此，闻一多曾经如此形容：

我们四千年的历史里，除了孔子见老子，没有比这两人的会面，更重大，更神圣，更可纪念的。我们再逼紧我们的想象，譬如说，青天里太阳和月亮走碰了头，那么，尘世上不知要焚起多少香案，不知有多少人要望天遥拜，说是皇天的祥瑞。

现在，让我们涉水穿山，重新回到他们相遇的那一天。

彼时的李白刚刚离开长安，城门关上的那一刻，周围静下来，像永夜从不曾明亮过。好友舍不得他，一路送行，他写《出金门后书怀留别翰林诸公》作最后的道别。“书此谢知己，吾寻黄绮翁”，他说：谢谢你们啊，从今天开始我要追随往昔的“商山四皓”[①]，重新啸傲山林去了。

他穿着来时的衣服，挥挥手，不带走一片云彩。

来去无影，此间数年如虚设。

或许是命运牵引，他如蓬草逐风飘零，一路到了商州，后又漫游至洛阳。洛阳花开早，花谢亦是早，初夏时分满树便已空枝绕。他百无聊赖地在洛阳街头喝酒，透过街林酒肆看这处千年王庭开始之地。自夏商起，这里有数朝建都，后纷纷于楼台烟雨中逐一落

① 东园公唐秉、绮里季吴实、夏黄公崔广、甪里先生周术四人有大才，曾被刘邦屡召之而不得。原来这四人皆是秦时的博士，后来因不满秦始皇“焚书坑儒”，唐、周、吴、崔四位博士相约隐居商山，不问世事。当时四人皆已年过八旬，须发皓然，飘然若仙，便被人称为“商山四皓”。

幕，只剩庸庸碌碌的生活。

一口长叹荡气回肠，最后化作酒气轻吐在洛阳酒肆的风幡里。

“李白？你可是李太白？”一个年轻人忽然出现在眼前。

“你是？”李白左右打量，思忖他灿若银河的交际生涯是否出现过这么一个人。

“我叫杜甫，字子美！”年轻人雀跃地自我介绍，一把拉起李白的手，“我们之前见过呀！”

不同于李白身世的语焉不详，杜甫出身名门，为北方大氏族京兆杜氏，其祖父杜审言名冠天下，远祖是汉武帝时有名的酷吏杜周[①]。

此外他自小聪慧，“七龄思即壮，开口咏凤凰”，同李白少年慕道不同，他幼时虽有着“忆年十五心尚孩，健如黄犊走复来。庭前八月梨枣熟，一日上树能千回”的顽劣，却从一开始便有志于“致君尧舜上，再使风俗淳”的仕途之路，从来只俯首苍生不问仙人，誓将科举这条光明大道走到底。

可惜，始终屡试不第。

这位从十九岁便离家远行的游子，目前打算投靠在兖州做官的

① 杜周（？—前95）：字长孺，西汉南阳郡（今河南南阳）人。西汉大臣，杜延年的父亲。

父亲，他于天宝三载（744 年）路过齐赵，就这样与年少时的偶像不期而遇。

李白并没有见过杜甫，至少没什么印象，但杜甫早就在惊鸿一瞥中将李白深深映入脑海，此番在人群中一眼便认了出来。或许这是子美人生的高光时刻，但对于李白而言，与他以往无数天中的一天并无区别。

人与人之间的交往并不对等，你之蜜糖，他之寻常，但这并不重要，我们只要看着心中的皓月就够了。对于杜甫，大约便是如此。杜甫写了一篇《赠李白》："李侯金闺彦，脱身事幽讨。"杜甫安慰他：没事啊，你是金马门的贤德之士，就算被谗言诽谤离开朝廷也不一定是坏事，你可以去山林中寻幽探胜。"亦有梁宋游，方期拾瑶草"，如果可以的话，我正好有去梁宋游览的意愿，我多希望能跟您同行，一并采摘到仙境中的瑶草啊。

杜甫其实是典型的儒家继承人，他的诗歌中无一不透露着"仁者爱人"的思想，对天下苍生的关注多过自我体悟，他对此亦颇为自知，时常称自己为儒者，《忆昔》中有"愿见北地傅介子，老儒不用尚书郎"，《舟出江陵南浦奉寄郑少尹审》中有"社稷缠妖气，干戈送老儒"，《奉留赠集贤院崔于二学士》中有"儒术诚难起，家声庶已存"等。他想济天下苍生得广屋，哪怕身居陋室亦无畏，同李白的自我实现以及寻求内心的圆满有着本质区别。

但是，这里的杜甫却说：我多想跟你到仙境中采摘瑶草啊！

我们总会遇到这样的人，他们和我们南辕北辙，但我们就是所有视线都在他们身上。

人终其一生都在追求所不得之物，极度的克制规整，总要被极度的狂放不羁所吸引，我们谓之为另一个自我。

那个藏在生命深处的，这一生我们无法做到的另一面。

李白就是杜甫的另一面，余秋雨在《那一年李白杜甫初遇——策马挽弓，诗酒年华》中说，他觉得杜甫好像从未年轻过，但其实杜工部亦有风发少年时，一句“会当凌绝顶，一览众山小”意气正当年，不比太白之“大鹏一日同风起”逊色。事实应该也确实如此，若不然以李白之少年意气，断不会喜欢一个老气横秋之人。

很多人将李杜这段交往描写成卑微粉丝和傲娇偶像的不对等，例证便是杜甫共留有十数首赠送李白的诗，无论是流落秦州，抑或是寓居成都，甚至是暮年时在夔州（今奉节县）都有留笔，而李白写给杜甫的算上有所争议的《戏赠杜甫》不过三首，实在是不对等。

对此实是不置可否，李白生性放达，好与坏在他心中如过眼云烟，那一刻的离愁别绪过去就过去了，从不会困扰余生分毫，但绝非对杜甫无情。杜甫也不是传统意义上悲苦、沉湎的老实人。事实上，杜甫年少眼高，自认“赋料扬雄敌，诗看子建亲”，写赋不在汉朝扬雄之下，写诗也可比三国之曹子建，此句颇得“十五观奇书，作赋凌相如”之韵，足见两人内里何其相似。杜甫虽初出茅庐，却非豪杰不交，哪怕同名士如李邕及王翰等人的交往，亦是“李邕求识面，王翰愿卜邻”，李邕求着认识他，王翰祈盼成为他的邻居，他的姿态从未低过。

对于李白，他是真的惺惺相惜。

这次会面，他们一见如故，相见恨晚，恰如金风玉露之相逢。

豪迈之人多纵饮，王翰“醉卧沙场君莫笑”，苏轼“把酒问青天”，辛弃疾“醉里挑灯看剑”，李白更是“会须一饮三百杯”，杜甫当然不遑多让，自述“生平老耽酒”，“每日江头尽醉归”。两人携手游历，“醉眠秋共被，携手日同行”，光阴就这样在山风江露中一点点逝去，什么功名利禄都消失了，他们的世界只有彼此。

千古文坛上最为夺目的双子星由此交会，炽热的光芒足以闪耀华夏历史星河千百年。

从初夏水暖到七月流火，山河在眨眼中斗转，可世事无常与他们无关，他们自有他们的世界。当秋凉席卷大地，李白决定回一趟任城，杜甫要继续处理祖母的丧事，无法跟随，但分别是不可能分别的，两人商量处理完家事后重新会合。

于是，在霜降大地前，李白又马不停蹄地赶回洛阳，继续找杜甫游历。他们从洛水（今洛河）到黄河，过广武山经汴水泽，最后抵达了汴州（今开封）。

在这里，他们遇见了另一个人。这是个孔武有力的男子，他叫高适。

永结同行游

高适，唐代著名的边塞诗人，也是唐朝仕途成就最高的著名诗人，一度封侯拜将，但和李白相遇的时候，已年近半百如他还一事无成，在长安干谒时甚至以乞讨为生。

他其实算名门之后，乃安东都护高侃之孙，可惜至他家道早已中落。

就这样，“朝扣富儿门，暮随肥马尘。残杯与冷炙，到处潜悲辛”的杜甫，“举头望君门，屈指取公卿”的高适，以及带着“安能摧眉折腰事权贵”之愤懑的李白，开始了失意三人行。

人生后半场，再也没有年少时必须出人头地的紧迫感，他们得以跟从心的安排，真正体味纵游四方的乐趣。

听闻大梁（今开封西北一带）有吹台，登之可见风景辽阔，三人乘兴而至，携手眺望，眼前果是波叠莫测、荡气回肠。

李白心潮澎湃，忽忆少年事，一句“银鞍照白马，飒沓如流星”脱口，《侠客行》横空而出。年轻真好啊，未来还有无尽的可能，想当年，他一柄长剑一匹白马纵横天下，路见不平，剑气出鞘，像侯嬴[①]和朱亥[②]一样侠骨留香！

谁不忆少年时呢？他呜呼哀哉着，遥想曾经年轻的梦。

好在还有老友，使得当下的感慨凭空多了几分为赋新词之味，若不然便是识尽愁滋味的欲说还休了。

在大梁转了一圈，三人又去了宋州（今商丘市），游历了梁园。彼时的李白不知道，不久后他会在梁园再次谱写一段佳话，焕发出夕阳无限红。现在的梁园静静地看着他，目送他去平台和清凉池。数日后，他们又于晚秋时节到达了单父。在这里，他游历了孟诸大泽，并且登上了单父台。

人还是要往远处看，千古多少事，此生那点失意真的不值一提。

为了玩得尽兴，当时正在这一带“混迹渔樵”“狂歌草泽”的高适提议去打猎，彼时在单县任职县尉的贾至[③]也参与进来。几人浩浩荡荡地出发，会挽雕弓如满月，策马扬鞭正酣时。耳边风声呼

① 侯嬴（？—前257）：战国时期魏国人。年老时始为大梁（今河南开封）监门小吏。信陵君慕名往访，亲自执辔御车，迎为上客。

② 朱亥：战国时魏国人，隐居于市井，有勇力，早年当屠夫，信陵君的上宾。

③ 贾至（718—772）：字幼邻，洛阳人。唐朝大臣，唐代古文运动的首倡者，礼部尚书贾曾的儿子。

啸，贾至带来的猎鹰闪电般蹿入草丛，再出来时鹰爪上多了几只瑟瑟发抖的野兔。高适马术好，李白就在一边大声吆喝。[1] 众人载兴而归，围着篝火看杜甫将猎物串上竹签，再一一炙烤，待香气扑鼻便配着美酒大快朵颐。

这段潇洒的日子里，李白遇到了早年结识的一位叫作杨山人[2]的隐士朋友。人生四喜之一，他乡遇故知。李白写下《送杨山人归嵩山》为回嵩山的故友送行，“岁晚或相访，青天骑白龙”——你要等着我，晚些时候我或许就过去陪你了，到时候我们在青天下骑着白龙腾空，该是多么惬意啊！

写到这里，他莫名想起了二十年前的往事，那时吴指南和他一起拜访了司马承祯，也不知道这位老神仙可有骑白龙翱翔青天之上？

带着这份惦念，他在杜甫和高适的陪伴下去了济源王屋山阳台宫，可故人早就乘着黄鹤往西天去了，眼前只余一座孤坟空悠悠。睹物思人的李白挥笔留下《上阳台帖》，这幅字帖经千年岁月的洗涤，最后成了他留存于世的唯一真迹。

① 引自余秋雨所著《中国文脉》中《那一年李白杜甫初遇——策马挽弓，诗酒年华》篇，长江文艺出版社 2013 年版。

② 杨山人：姓杨的隐士。其生平事迹不详，李白有《驾去温泉宫后赠杨山人》诗，高适集中也有《送杨山人归嵩阳》诗，这里的杨山人当同为一人。

山高水长，物象千万，非有老笔，清壮可（何）穷。

——十八日，上阳台书，太白。

虽然你不在了，可曾经大鹏和希有鸟的故事永远流传了下来，这也算另一种意义上的永垂不朽了吧。

司马承祯的逝去让李白归于道家的心空前强烈，他决定正式成为一名道士，但成为道士需要获得道教的密文，即为“箓”，此外还需要得道高人替他授道箓。由于杜甫要东归巩洛（今洛阳、巩义一带），高适将去楚地（今湖北、湖南一带），三人得暂时分别，李白则独自去了安陵（唐属平原郡，在今河北省吴桥县北）。

他此去安陵，是为了寻找一个人。

这个人叫盖寰，传说十岁与天通，师从北海仙人高如贵，后在蕊珠宫得到了书写道术真箓的绝技。李白翻山越岭，成功找到了他，并得到了梦寐以求的“箓”。“蛟龙翼微躬”，他自觉如蛟龙生出羽翼，再不用拘泥于这世间的权势力量。

他写《访道安陵遇盖寰为余造真箓临别留赠》感谢盖寰，又去齐州（今济南）紫极宫请高天师如贵为他授道箓。完成仪式的那一刻，他的思绪陡然回转到三十年前，那时不过十五的少年四处追慕神仙方术，“十五游神仙，仙游未曾歇”，而今兜兜转转，又回到了从前。

此后他宛若得了新生，于是年冬天回去任城，安度一冬后在次年春天的梨花千树雪中送老友范山人去泰山。范山人是他在东鲁（今山东省）的好友，受李白影响将要去泰山求仙。李白好像看到他怀中凭空生出一只仙鹤飘飘然乘云飞去。“云山望不及，此去何时还”，他写《送范山人归泰山》感慨：老范啊，你什么时候回来啊？

年纪越大越怕寂寞，送别的不舍使他想起了去年和杜甫、高适同游的场景，按捺不住思念，李白赴兖州寻找杜甫，会面后两人又赴齐州寻找高适。

于是，三人再次重逢。

人生后半场，总想让快乐的记忆无限回放。

他们一起去拜谒了北海太守李邕，便是那位李白初出茅庐第一个干谒的对象。

“李白啊，你的那句‘宣父犹能畏后生，丈夫未可轻年少’，我可是记到现在啊。”李邕已垂垂老矣，却一眼便认出了这位曾经的轻狂后生。

“您的雪中送炭，白也永生难忘。”李白永远记得穷困潦倒扬州路时，李邕送来的银两解了他的燃眉之急。

从来锦上添花易，世间雪中送炭难，让他如何不感念！

两人相视一笑，当年的轻狂后生成了将知天命的老者，曾经的渝州（今重庆）太守也成了而今的“李北海”，时光荏苒，锋芒不再，过往恩仇皆化为杯中酒，而后被执杯人一饮而尽。

此时李邕年事已高，李白、杜甫和高适陪他四处游玩，他们在临淄参观了孟姜庙、杞梁坟和淳于意墓。其间还听闻一件趣事，说是当地一位侠女为替夫报仇练就一身绝技，成功砍下仇家头颅悬于城门之上。女子问罪当斩，但李邕听闻后钦佩不已，上报朝廷赦免其过。

这个事情在当地很有名，后来还被收入《列女传》中，女子之名得以流芳百世。李白对此感慨有加，“妻子亦何辜，焚之买虚声？岂如东海妇，事立独扬名”，一为女子之侠义，二为李邕之豪情，写有《东海有勇妇》颂之不朽。

可无人能不朽，次年，李邕便受到李林甫的迫害含恨而终，杜甫悲痛欲绝，留“坡陀青州血，芜没汶阳瘗”，李白也默默写下“君不见李北海，英风豪气今何在？君不见裴尚书，土坟三尺蒿棘居”，属于“李北海”的故事，就此剧终。

这次分开，高适又踏上了他的前路，杜甫要继续西游临邑，而李白打算回家，三人在齐州再一次分别。

悠悠岁月过，李白也渐觉老将至，欲多陪伴儿女，但在任城时间久了，不免思念老友。一日，他在饭颗山头喝酒，醺醺然间想起三人游历时光，也不知道高适有没有找到机会，杜甫又是否处理完家事了。

醉眼蒙眬间，一个形销骨立的中年男子头戴斗笠朝他走来，细看那人紧锁眉头、思虑甚重，李白心道“这人好生眼熟”，待行至眼前才看清那竟是杜甫。李白愣了愣，还以为在做梦，揉眼打量半天才确认那真的是杜甫。

“借问别来太瘦生，总为从前作诗苦。”李白赋《戏赠杜甫》打趣他，八成是吟诗太累了，可也要注意身体啊。关于这首诗，有存疑认为非李白所作，但他们二人确实从来两种风格，李白是“斗酒诗百篇”，天上佳句信手拈来，而杜甫却是“语不惊人死不休”，时常为了韵律炼字两句三年得。

学习古韵诗体者，杜甫总是正面的例子，李白却多是反面教材，他们不一样，但他们都伟大。

由此，诗中所言，倒也中肯。

此次杜甫陪了李白相当长一段时光，他们走遍任城的每一个角落，又把兖州、东蒙（今蒙山）和曲阜踏了个遍。到曲阜的那天风和日丽，无云的苍穹上有大雁排列南飞，两人策马在碧空下踏秋，聊着聊着说到了隐士范十。

“范十”名叫范惀，唐代名臣范传正之父。[1]他归隐后住在蒙山之阴一幽谷处，那里地势偏僻，草木丛生，李白和杜甫牵着老马遍寻不得，好不容易才绕过城壕秋草，出现在范十面前。

“你们怎的这般模样？”范十指着他们十分惊诧。

两人低头一瞧，珍贵的翠云裘衣上满是苍耳，彼此看了一眼对方狼狈的脸，更是忍俊不禁。

“范野人倒是有模有样。”李白指着他一身黄冠玄服不落下风地揶揄道。

三人仰天大笑，为这久别后的重逢酣畅一场！

接下来，三人度过了无比愉快的十天时光，他们痛饮美酒，酒酣后高歌，一边唱着《猛虎词》[2]一边谈论人生得与失。关于这段过往，两人珍念非常，均留下诗词以祭，如李白的《寻鲁城北范居士失道落苍耳中见范置酒摘苍耳作》、杜甫的《与李十二白同寻范十隐居》。

可是，人世间的关系如天涯蒲草，风起都会散的。

秋日时分，杜甫和李白在鲁郡分别。那时以为此生漫长，“杜二甫”和“李十二白”终有再会的那一天，如这一段携手的旅程，

---

① 引自欧阳修、宋祁所撰《新唐书》，中华书局 1975 年版。

② 《猛虎词》：唐代诗人储光羲创作的五言诗。

想要就可拾起。

但是啊，相逢自有时，别离无会期，此生他们却再也没有见过了。

后来的后来，早已分散人海的杜甫想起分别那天仍怀念无比，他记得李白握着手对他殷切赠言："飞蓬各自远，且尽手中杯。"他亦回他："痛饮狂歌空度日，飞扬跋扈为谁雄？"这首《赠李白》是杜甫送李白的第一首诗，此后余生杜甫为李白写下过很多诗。他在长安想他，他在渭北念他，他一笔笔记下与李白"醉眠秋共被，携手日同行"的日子，他此生还想与李白"不愿论簪笏，悠悠沧海情"，可是啊，那个时空，终归成了枉然。

"杜二甫"和"李十二白"啊，还会再见面的吧！

晚年的杜甫在茅屋中醉去，他又想起了登上单父台的那天，水上碣石嶙峋，天边万里云风，而他最好的朋友，就在身边。

千金买壁之佳话

分别后，李白去了沙丘（今山东地境），杜甫则去了长安。

沙丘有汶水，浩荡如思念不绝。他曾看着眼前滔滔之水写下过“仍怜故乡水，万里送行舟”“思归若汾水，无日不悠悠”，而今思念转了方向，从故乡成了南去的杜甫，“思君若汶水，浩荡寄南征”。他现在怎么样了呢？过得好不好？考得成不成？

杜甫啊，过得并不好。

听闻玄宗诏令“通一艺者”到长安应试，杜甫才离开李白兴冲冲赶去，可权相李林甫编导了一场“野无遗贤”的闹剧，参加考试的士子全部落选，杜甫“举进士不中第，困长安”。

收到李白的《沙丘城下寄杜甫》时，杜甫正在长安繁华处。他抬头越过人群，好像隔数年时光看到了曾经的李白。他同他遥遥挥手，他们一起望着宫廷的方向黯然悲歌。

心情郁闷怎么办呢？那就写诗给他吧。他一首又一首，从春写到夏，从少写到老，他多想念那段“放荡齐赵间，裘马颇清狂”的日子啊。人要是可以不成长就好了。

天宝五载（746年）的春天，李白登上了栖霞山。

在孟氏桃园的芳草萋萋中，他举杯远邀，不经意瞧见绿蚁酒中倒映的如雪白发，顿感心比枯草更荒芜。“君不见梁王池上月，昔照梁王樽酒中”，他想到这园子的主人，曾经权势滔天的梁王，早已消失在时光深处，曾经照过梁王酒杯的月色正轻轻抚他而过，而他也终会长眠在这天地之间。耳边黄鹂的啼鸣将他从寂寞的往事中拉回，他举杯一饮而尽，用一首《携妓登梁王栖霞山孟氏桃园中》唱尽心中寥落。

从栖霞山下来后，他去了一趟鲁郡，后又返回任城，许是旅途劳累，他大病一场，及至秋日才姗姗休整好。远方族兄李洌、李凝得知他生病前来探望，为方便照顾，他们在瑕丘（今山东兖州东北）县城东门外泗水西岸沙丘旁置了一处新居给李白，又安顿好田地供他谋生，李白由此搬离任城，带着儿女去瑕丘安家。

春日时分，无缘南游的李白或许日有所思，竟梦到一处仙山。仙山上遍地灵芝，还有不老仙人同他打招呼。他正纳闷自己置身何处，耳边就传来动人的歌声，仙人告诉他，这是天姥在歌唱。

清幽的月色下，背上忽然生出翅膀带他一路飞过镜湖，到了剡溪谢灵运[1]曾住过的宅子。他在两岸猿声中找到了谢灵运的登山木屐，走上谢灵运曾经走过的山路，见到海上升起的初阳，也听到云边的天鸡报晓。这路没有尽头，他正焦急不已，耳边传来巨响，眼前的仙府石门轰然打开，身披彩虹的神仙乘风而下，举办起了盛会。

“忽魂悸以魄动，恍惊起而长嗟”，他猛地惊醒，眼前的云霞消失了，神仙也不见了踪影，身侧只有枕席相伴，屋外偶尔响起鸟鸣声，他半天才反应过来这是个梦。

李白怅然若失地起身，想到长安那年也是如梦一场，那般华丽如天上，要他摧眉折腰才能生存下去。不能啊，他发出“安能摧眉折腰事权贵，使我不得开心颜”之感叹，写下千古流传的《梦游天姥吟留别》，为长安一梦做了道别。

病愈后，李白和元丹丘碰了头，从剡中（今嵊州）到宋城，从秋末到严冬，这位同他一前一后离开长安的老友，他们有太多共同话题。大雪来临时，李白和元丹丘再一次游览了梁园，彼时距他和梁园的初见已有十六年了。

“沉吟此事泪满衣，黄金买醉未能归”，想起这些年的失意人生，李白气沉丹田挥洒狼毫，于墙壁上写下初次见面那年所作的

---

① 谢灵运（385—433）：名公义，字灵运，出生于会稽郡始宁县（今浙江绍兴）。晋宋间诗人，中国“山水诗派”鼻祖，东晋名将谢玄之孙。

《梁园吟》。

这里于他而言从不是一处破败的院子，这里载满他“东山高卧时起来，欲济苍生未应晚”的念想，可君王的看重并没有来到，他人生中最传奇的一段姻缘却不期而遇。

在宗氏之前，李白或许从未想过，在将知天命之年，他还能邂逅一位佳人。

宗氏是已故宰相宗楚客的孙女，知音律、善抚琴，不仅信仰道教，还喜好诗墨。在李白走后，她携婢女翩然而至，看到墙壁上的铁画银钩，想象诗人挥洒风流，心中涌起无限欢喜。为防字墨被人擦拭，她斥千金买下这栋墙壁，欲保存心中佳作至永久。

高山流水觅知音，得知消息后的李白托人结识了宗氏，两人见之生情，很快结为连理。

就这样，离开长安一年有余的李白，在梁园拥有了自己的另一个家。

此后“一朝去京国，十载客梁园”，他在这里度过了他们的十年。

对于李白而言，这四段感情是不一样的。

许氏是少年夫妻，是年岁将至必须踏入婚姻的不得已，亦有向生活低头的无奈。诚然唐朝风气开放，赘婿的地位比之汉朝等有所提高，但依旧是迫于无奈的选择。从世俗意义上讲，他们的关系并不对等。可是，许氏实在是个很好的妻子，即便最初没有爱情，可在携手的岁月中，他们也成了最亲密的家人。她对李白无条件的支持与包容，安慰了伟大诗人最为艰难的岁月。她从未享福过，也无法得见他在天子朝臣前的光华，可她为他付出了一个女人可以付出的所有，也给了他至高无上的崇拜。李白对她亦是歉意非常，他说："虽为李白妇，何异太常妻？"如果有下辈子，你要嫁个好人家，千万不要认识李白啊。

刘氏对于李白而言，是不被理解的耻辱的写照，如同那些无法正视他才华、能力的达官贵人般，注定是会被李白弃若敝屣的。在他求仕不得、原配离去的最艰难时期，刘氏好像黎明前的黑暗给他最为致命的一击，她不仅不欣赏他的才华抱负，反而嘲笑他的志向和努力。她庸俗的不屑让他在飞黄腾达后依旧愤愤写下"会稽愚妇轻买臣，余亦辞家西入秦"，她是他的伤痛，是他这一生落魄的直接写照。可是，她也没有错。每个人的人生都注定会不被理解，哪怕你是这世上最伟大的诗人。如果李白这一生是永夜微光，那刘氏就是那点光亮边最浓墨重彩的暗色。如果可以，他大约永远不想与她再有交集。

鲁女和她们有些不同，于李白而言，选择她无关生计，而只是因为她本身。只是，爱情对于李白而言永远是稀有的东西。他这一生为诗酒而生，为理想奔走，却从来没有为女子停下过步伐。这对于世间寻常女子来说或许颇为残忍，可李白终究是李白，他有自己的路要走。于她们而言，选择了他就注定是选择了寂寞，一如这位沉默的鲁女，在历史上光芒乍现，仅留一抹珊瑚微绿。她其实并不是李白的妻子，更多可能是小妾，作为抚慰许氏病逝、刘氏离去之伤痕而出现的存在，鲁女填补了李白生命中的空白，也见证了李白光辉下的落寞。她是不幸的，她也是幸运的，爱情缘何产生又有什么关系，只要有那么一瞬间，他为她“愿为东南枝，低举拂罗衣”那便够了。

宗氏大约是李白生命最后的馈赠、最明的亮色，她陪他经历战火，走过残年。她崇拜他、仰慕他，他是她此生的英雄。李白为她付出得最为稀少，没有孩子，没有青春，也少有陪伴，更多的是暮年的伶仃，此后战火别离，他入狱被捕，众人避之不及，可她始终陪伴左右，以生命相随。士为知己者死，她是他的红颜和归处，亦是他的知己和远方。李白多么遗憾没有在最美好的年华遇到她，如果可以，他不会白白浪费那么多年没有彼此的时光。后来的后来，他已经白发苍苍，依旧殷切地写下“江山虽道阻，意合不为殊”给她，身虽有别离，心却永相依。

他的故事即将结束，他和她的故事却才刚刚开始。

灵魂始漂泊

暮年的李白在梁园有了新家。

时年冬天，梁园大雪，他裹着蛮毡在溪柴前取暖，曾经于他来说是落寞缅古之地的精神寄托成了安放现实的温暖之处，他想起过去的一腔孤勇，而今竟不知将之托放何处。

或许对妻子来说并不公平，可他确实日日失落下去。

抛弃最初的愤然离去，离那段纸醉金迷的过往越远，他越是感到心难安放。

长安的一片月，依旧在心底某处静静高悬，闪着幽幽寒光。

雪越积越多时，他收到好友岑征君[①]将去鸣皋山[②]的消息，他想他此去白鹤为友，能坐石赏月，不禁艳羡万分。在清泠池设宴替好

① 岑征君：即岑勋。

② 鸣皋山：九皋山。

友饯行时，他将这份向往悉数留在了《送岑征君归鸣皋山》中。“贵道能全真，潜辉卧幽邻”，他也想隐居尘外，遗世独立于山水之间，可“余亦谢明主，今称偃蹇臣”，他还有理想抱负没有实现，他放不开啊。

这里的李白看似矛盾，一边羡慕弹奏松风之雅闲，一边又放不下功名利禄，可他羡慕的从来不是岑勋的生活，而是岑勋拿得起放得下的洒脱。他从来放不下，年轻时放不下还有无限可能，现下却是连那可能都被扼杀了。

身老安，心仍远，他迎来了灵魂真正的漂泊。

送走岑勋后，李白于天宝六载（747 年）的春天踏上去往扬州的路。

他人生第一次尝尽冷暖便于此，热闹过，清冷过，人散后的痛苦最是寂寞。

邀请了一众好友忆往昔，这些人里有曾经的故友，也有刚结识的新朋，他和他们回忆人生的高光时刻，可“骑虎不敢下，攀龙忽堕天”，最终他从高处跌落，那些闪耀都成了生命中不可触及的伤痛。

天下无不散之宴席，对于李白而言，人生就是在一场场送别诗中走向终点的。他写《留别广陵诸公》和他们惜别，而后高唱狂歌，独自垂钓沧浪前。

离开广陵后，他于春末到达金陵。

他登上了凤凰台，眼前三座大山坐落在青天之外，长江将白鹭洲一分为二，他想到昔日的吴宫和东晋的郭璞[①]，而今不见六朝，唯见江水悠悠。

年轻时总觉浮云易散，如今却发现最是浮云遮望眼。“总为浮云能蔽日，长安不见使人愁”，伟大的君王啊，他知道身边这些小人在欺骗他吗？

怀着此种悲愤之情，他写下《登金陵凤凰台》和《金陵凤凰台置酒》二首，“长波写万古，心与云俱开”，从悲情到想开，生命中所有的不顺，归根到底还得自渡。看着波涛滚滚，他莫名就想到了崔颢的那首《黄鹤楼》，那年“眼前有景道不得，崔颢题诗在上头”，而今对着“凤去台空江自流”，他总算也体味了人生暮秋。

什么繁华六朝，什么风流佳人，最后还不是滔滔江水一瓢。

下了凤凰台后，李白正好面向南方，于是他抬脚过丹阳（今镇江），又到了吴郡姑苏。

姑苏台上挂着一轮皎洁的月，李白负手仰望，思绪回到了春秋

① 郭璞（276—324）：字景纯，河东郡闻喜县（今山西闻喜）人，东晋学者、游仙诗祖师，建平太守郭瑗之子。

战国。他好像看到夫差和西施在眼前寻欢，后来勾践[1]铁马踏来，吴歌满楼成粪土，当年的帝王佳人也不见了去处。

“只今惟有西江月，曾照吴王宫里人”，万千感慨后留下《苏台览古》，又过湖州到越中，几只鹧鸪在荒草中探出头来，他想象越王败吴后欢歌载舞的场景，可功过一杯酒，胜利了也没怎么样，而今吴越都成了过去。

他承认他放不下高位理想，“狂风吹我心，西挂咸阳树”的狂放永远都在，可他也有了“今人不见古时月，今月曾经照古人”的反思。得不到，是不是其实也没那么值得悲伤？

此后，李白去会稽祭奠贺知章。

离长安一别三年有余，他还记得低吟“借问欲栖珠树鹤，何年却向帝城飞”目送老友的背影远去，可期盼的当歌纵酒再也不会来了，分别不久，贺知章便驾鹤西去。

他哀恸地写下两首《对酒忆贺监》，那个“长安一相见，呼我谪仙人”的忘年好友啊，这世间再无你的影踪，唯留我“金龟换酒处，却忆泪沾巾”。

何止贺知章，故人早就一个个都不在了，连曾经美少年的崔宗

---

① 勾践（？—前465）：姒姓，本名鸠浅，《史记索隐》引《竹书纪年》作“菼执”，春秋时期越国君主。

之，也逝去于天宝十载（751 年）的春天。和很多人的惊鸿一瞥其实已是此生永别，可我们总以为来日方长，因此都没有好好道别。

经过宁海的时候，李白登上了天台山，后又返回金陵留宿。就在这时，雪夜独酌的王十二忽然想起了他，王十二写了一首洋洋洒洒的诗。李白笑话老友成了王子猷，回以《答王十二寒夜独酌有怀》，“人生飘忽百年内，且须酣畅万古情”。时间过得真快啊，距离他赐金放还已四年有余，他离梦想远去，有人却愈发顺利，高力士升为骠骑大将军，杨贵妃三姊妹被封，李林甫、安禄山以及杨国忠亦是鸡犬升天。这世道便是如此不公。

如何能公呢？春日在金陵漫游时，他遇到初到金陵结识的好友崔成甫，那时他正在被贬谪去湘阴的途中，想到过去的潇洒，李白悲痛非常。崔成甫安慰李白“天外常求太白老，金陵捉得酒仙人”，你就是那天上下凡的酒仙人，看到你就忘了前路的吉凶。李白写《酬崔侍御》告诉他，“严陵不从万乘游，归卧空山钓碧流”，他多想学习严子陵，远离君王左右，醉卧富春空山。可是，他心中始终留长安一抹春色，那是金陵花开难以代替的存在。

春日后的盛夏，李白从金陵又回广陵，及至秋霜时节来到霍山，雪临人间时又去了庐江。这一年，李白一直在路上，耳闻了玄宗愈发昏聩的行径。玄宗重用李林甫，使得府兵制度日渐崩坏，边陲渐渐成为藩镇割据势力的地盘。

伟大的君王看不到山河早已飘摇。

当春回大地，站在金陵之舟的李白忽然想起，他已经三年没见过远在山东的那双儿女了。“双行桃树下，抚背复谁怜？”犹记离开时，他们拉着他的衣角，用稚嫩的语调问他何日归来。稚嫩小儿没了双亲，又有谁怜悯、有谁疼？他写下《寄东鲁二稚子》，心痛到无以复加。

人生处处不如意，他蓦地就想到天宝八载（749年）的春天，他在扬州听人说王昌龄从江宁丞被贬为龙标县尉。这已经是王昌龄第二次被贬了，第一次是开元二十六年（738年）因为张九龄之事被贬到岭南。那时候李白去送他，他对李白说“山长不见秋城色”，而今时光荏苒，又一年“杨花落尽子规啼”。

李白担忧好友是否能平安到达夜郎西，他取出地图，指腹在五溪地摩挲：他大约到这里了吧？抬头是乌黑的夜，没有人回答他。

他在暗色中坐了很久，点灯写《闻王昌龄左迁龙标遥有此寄》，为他们的友情做个道别。

在一个落日温柔的秋天，他登上金陵的西楼。

寂寥夜色下有凉风发生，他只身上高楼，看眼前白云映水，想水面有风幽幽。四野寂阔空芜，偌大的城市似真似幻，辨不清当下。这一刻抒笔而下《金陵城西楼月下吟》，他承认他“古来相接眼中稀”，眼中只有月色和酒，心中多念往昔和愁。可如何能将未来看透？他不知道。

罢了，既然“立功”无望，那便“立言”吧，于是他又写《古风》，“希圣如有立，绝笔于获麟”，如果可以，他愿当孔子，“废兴万变”后去芜存菁，留《诗经》永不朽，他亦愿当屈原，形单洞庭边，纵身汨罗江。

哪怕数年伶仃，哪怕以身殉道，他亦无惧高歌！

风起青萍末

天宝九载（750年），踏入知天命之年的李白收到元丹丘在嵩山寄来的信。

金陵花谢早，他在五月的酒肆烟火中，豁然想起已经在金陵度过三年时光了。

不如举家搬迁去嵩山吧，和老友隐居也不错。

不过在此之前，他决定看一下一双儿女。

六朝金粉地的喧嚣在耳边渐行渐远，他的世界静下来。霜清了，月明了，天空中有鸟儿鸣叫不歇，很快到了庐山。

“宴坐寂不动，大千入毫发”，遥想年轻时在此望瀑布生叹，现下只觉得大千世界和毫发微末无甚差别，所谓壮阔最后依旧是要归于生活的。李白在庐山东林寺的晨钟暮鼓中听经声不绝于耳，心亦逐渐通透。他写的《庐山东林寺夜怀》，言语中再无曾经飞流三千的豪迈。

冬日时分，李白回到了任城。

站定在门口，他好像和四年前那个“仰天大笑出门去”的人擦肩而过，宽袖轻起，那人带起的风宿命般吹过他的脸庞。

见到阔别已久的子女，李白在任城小住了一段时间。其间众多闲言杂语纷至沓来，令他心中郁结难耐。

雪中送炭难，落井下石多，李白心有不甘，雪夜难眠时给友人写《雪谗诗赠友人》，他说“彼妇人之猖狂，不如鹊之强强”，他说“坦荡君子，无悦簧言”，此处的妇人或许是杨玉环，或许是刘氏，亦或许只是嚼舌根的乡野村妇。人一旦落魄，身边全是恶鬼，孰能道尽。

无人听他“济苍生，安社稷”之抱负，无人知他“东山高卧时起来，欲济苍生未应晚”之理想，他们只笑话他是个不识好歹的疯子。

人与人之间的悲欢从不相通。

在他余生凄清时，安禄山升任平卢、范阳（今北京）、河东三镇节度使，所拥兵力足有二十万，占天下兵力之半。

圣上对江山的固若金汤自信无比，沉在盛世美梦中不愿醒，哪怕边疆征伐渐起，哪怕战士死伤遍野。

杨国忠讨伐南诏大败后，安禄山攻打契丹亦大败，唐玄宗被扩张欲望支配，丝毫不理会穷兵黩武的代价，连年征战不休。在无数帝王眼中，只有大刀阔斧的千秋万代，从来没有天子脚下的黎民苍生。可是，百姓如水滴成洋，能载舟其上，也能覆舟其下。

李白出生边陲小城，对于战争的憎恶是写在灵魂深处的。他写《战城南》抒发胸臆："匈奴以杀戮为耕作，古来唯见白骨黄沙田。"他对底层人民有着最深切的哀恸和共鸣。

荒漠残阳如血，马鸣萧萧，天涯人家遥。

秋天的时候，李白离开任城去了济南，又过嵩山之阳，终于找到在颍阳石门山的好友元丹丘。

元丹丘在信中告诉他，这里是汉代隐士高凤[①]的居处，十分难寻。李白不信。他自诩此生踏遍山河，旁人眼中难于上青天的蜀道他少年时便可信手征服，如何能寻一处不得？他不急不躁，沉迷在"高松来好月，空谷宜清秋"的景致中，描摹曾经高凤的一夕一朝，又揣测元丹丘是否炼丹成功。想入非非间，忽听老友在远处呼唤，定睛一看，果然是老友站在石门山前。

《寻高凤石门山中元丹丘》中关于这段迷途之旅描写得很是细致，闲逸盎然，野趣横生，两人得见后"留欢达永夜，清晓方言还"，喝酒聊天，彻夜不眠，直至早天将至。

---

① 高凤：字文通，生卒年不详，东汉处士。

作为纵贯此生的知己，元丹丘是他的心之所依，是他的身之所至。

古来圣贤皆寂寞，他多么庆幸有他的陪伴。

倒也是巧，跟元丹丘闲云野鹤时，李白收到了南阳友人岑勋的书信。李白想到十几年前他们三人在嵩山对酒当歌的日子，不免感念非常，当即回信邀请岑勋来此相会。岑勋欣然而至，三人在高峰石门山中相聚。见面那一刻，三人什么都没说，紧紧握着彼此的手，而后仰天大笑，默契非常，好像这十几年的风霜漂泊都不曾来过。

他们在元丹丘炼丹的白秀谷中酩酊大醉，李白想到这些年的岁月蹉跎，从长安离开后，他又去了很多地方，大殿之上的荣耀好像梦一场。后来的后来，他在回忆那些光华中浪费了许多当下的美好，高堂明镜白发生，昨天的青丝蓦然就成了雪。那一刻他才明白，“人生得意须尽欢，莫使金樽空对月”，人生短短数十载，什么才子佳人，什么名利等身，眨眼间便烟消云散了。过去的就过去了，匆匆来这世间，不若往前看。“天生我材必有用，千金散尽还复来”，起起落落谁又说得清呢！

山间明月静，高堂人间远，他借着三分酒劲将三十年过往喷薄，终成此生神作《将进酒》一曲。李白写过很多诗，出众者众，但《将进酒》最是传神，若九天仙人挥洒而下，响彻大唐乃至后世文坛千年。

这一刻的李白不知道，仕途失意的他已经完成了精神层面最高级别的统治，那是面对失意后永存的放达不屈。

“将进酒，杯莫停”，古来圣贤都是寂寞的，只有这杯中杜康才能传世。

一语成谶，他是饮者留名，更是圣贤千古。

醒后一场空，李白看着边疆之乱愈发煎熬，苍生受难，他实在是无法安然归隐。

秋末时节，安禄山为稳固幕府广纳贤才，遣范阳节度使幕府判官何昌浩邀李白入幕。

何昌浩听说李白在叶县，前去拜访不遇，便留了一封信给李白。

李白回来看到信，回了一首《赠何七判官昌浩》给他，“夫子今管乐，英才冠三军”，他赞何昌浩是当世的管仲和乐毅，他觉得何昌浩懂他的理想和抱负。不甘老死阡陌的李白觉得既然文翰败北，不如去塞垣求军功，搞不好能柳暗花明。

古来沙场，常人多避之不及，李白却“有时忽惆怅，匡坐至夜分”。梦里的他变成少年时的模样，奋战沙场不绝，击剑杀敌不休。

他多想像何昌浩那样成就伟业，而非如长沮、桀溺[1]般龟缩。

既然如此，那就去吧，满腹心绪尽留《留别于十一兄逖裴十三游塞垣》，他和于逖、裴十三等好友告别，然后在岁末寒冬中背上行囊朝北出发，一路达幽州（今北京市）、渡黄河。

他幻想着，投入安禄山麾下能够求取军功，一展抱负。

这条路很多人走过，岑参、高适均在其中，所以他未曾畏惧。

车辚辚，马萧萧，沙漠虎穴，走马黄河遥，李白或许知道前路坎坷，可他已经想清楚，既然放不下，那就跟着心走。

天宝十一载（752 年）的秋天，李白到达了幽州。

他站在风沙漫天中，眼观行人面色各异，耳闻谣言平地四起，恍然发现变天了。

不久前，李林甫去世，杨国忠继任宰相之位，安禄山大为不满，二人迅速交恶。杨国忠指控安禄山谋反，朝局风起云涌。李白就算再缺乏政治敏感度，也看出当下时局不妙。

他在幽州街头徘徊许久，目睹胡兵和匈奴兵短兵相接，人命若草芥般凋零。

他知道这里不会有机会了，恰逢宗氏病重，“幽州思妇十二月”，他无比担心，当即决定赶回睢阳宗家庄。离开的那天，李白看着大

① 长沮、桀溺：长沮和桀溺是春秋时期的两位隐士，后常指两个在水洼里劳动的高大魁梧的人。

漠黄沙染血，潸然泪下，“何时天狼灭，父子得安闲？”什么时候才能天下太平啊？战乱中受苦的黎民又如何才能安闲余生？

兴亡百姓皆苦，这些士兵还能和家人团聚吗？

他顶着北风呼啸，留下《幽州胡马客歌》和《北风行》二首，离开了这处是非之地。

大风起于青萍之末，李白并不知道，战争不会结束，战争才刚刚开始。

山河始飘摇

李白在一个月朗星稀的夜晚离开了幽州。

他跨上老马，在空荡荡的街道游荡，他看着幽幽月光，忽然就想起了五岁那年大漠下的阵阵驼声。那时他们举家搬迁，不知前路几何，小小幼儿坐马背上默看苍穹许久。天地无声，唯白玉盘陪伴左右。而今半百已过，当年不识的月色依旧高悬。

月是他一生的老友，他曾疑惑过它是瑶台镜，又听说里面有白兔、嫦娥和蟾蜍，“阴精此沦惑，去去不足观”，可现在白玉盘染血，洁白的月色也变污浊了。他写《古朗月行》痛诉、惋惜，而后归家。

好在宗氏没事，李白在梁园陪伴她一段时间，待她康复又于天宝十二载（753 年）的春天去往长安。

一路往北，经睢阳，又到西河郡（今汾阳），然后过潼关（在今陕西，为洛阳与长安之间的要地）。山林倒退像往昔回放，他终于在赐金放还的九年后再次站在了这片土地上。

“长安宫阙九天上，此地曾经为近臣”，遥想九年光阴过，他来往于会稽和淮泗，徘徊在梁宋及燕赵，可长安的那抹月始终在心上。

浮云遮盖其上，他恨过、怨过，但依旧想登天梯而上，将那乌云拂去，还月一份清明。打定主意后，他四处打听朝廷现状，得知哥舒翰当前任河西节度使并被封为西平郡王，他写了一封洋洋洒洒的《述德兼陈情上哥舒大夫》，“卫青谩作大将军，白起真成一竖子”，借贬卫青和白起赞美哥舒翰之骁勇，表达想和他一起奋战沙场的决心。可惜彼时哥舒翰正焦头烂额，根本无暇顾及这首言辞恳切的诗。

衷心之作石沉大海，李白失落异常，好在他于此时偶遇故人独孤驸马，又将一腔希望托付，他写《走笔赠独孤驸马》给他，希望能得其举荐，重回“是时仆在金门里，待诏公车谒天子”的巅峰。

当年被他随手丢弃的鸡肋，而今却成了遥不可及的理想。

大约人之本性即如此，越是不顺，越要忆从前。

从前真的好吗？

从前未必如想象的那么好。

独孤驸马当然没有回音。

当下局势不明，人人自保为上，实在不是出头的良机。

李白也认清了这一点，等不到消息后垂头丧气地离开了长安。

满怀期待而来，萧条落寞而去，李白唱着《远别离》之歌，“恸哭兮远望，见苍梧之深山”，见山悲愤，逢水伤怀。路过洞庭时看到“湘妃竹”，想到舜帝为屠恶龙而亡，娥皇、女英[①]恸哭而亡于墓前，而今九嶷山的青竹上仍有泪痕点点。

当下世道“信而见疑，忠而被谤”，他冥冥中察觉到别离的号角已吹响，担忧是否也要如娥皇、女英哭夫般泪洒大唐江山。

他停下脚步回头，和长安遥遥对望。

曾经永不熄灭的长明灯一盏一盏暗去，歌舞也渐渐平息，头顶乌云层层卷盖，风雨就快来了吧。

长安无言，长安不知道。

回梁园短暂住了一阵子，李白又去往历阳（今和县），其间看激流拍岸，横渡长江。

风雨无阻，他一直在路上。

秋天的时候，李白收到宣城长史李昭寄来的信。李昭是他从

---

① 娥皇、女英：帝尧的女儿、帝舜的妻子。得知舜帝埋在九嶷山下，抱竹痛哭，泪染青竹，泪尽而死，因称此竹为“湘妃竹”。后世因此附会，称二女为“湘夫人”。

弟，邀请他去宣城。于是，李白又继续南下。

经过敬亭山的时候，山顶的鸟成群结队地飞走，天上一抹孤云飘来荡去，他席地坐在山头，想起陶潜的“云无心以出岫，鸟倦飞而知还”，只觉孤独非常。

天地无极，他什么都没有。

李白此生倾诉欲旺盛，下笔之作从来浩瀚磅礴，可《独坐敬亭山》却简洁得不像他的作品：

众鸟高飞尽，孤云独去闲。

相看两不厌，只有敬亭山。

鸟走了，云散了，敬亭山啊，我只有你了。

跋山涉水，李白到了宣城。

当地有谢朓楼，相传是南北朝时的名士谢朓建造的，他当时在宣州任太守，造了一座屋子名“高斋”，他时常在此理事生活，史载“视事高斋，吟啸自若，而郡亦治”。

后来人去楼毁，人们歌诗怀古，重建了此楼。

李白为此着墨许多，在《秋登宣城谢朓北楼》中详细描摹登上楼顶后“江城如画里，山晚望晴空”的美景。

秋雁南飞际，故人李云[1]要离开宣城，李白在谢朓楼替他设了饯别宴。

“弃我去者，昨日之日不可留”，李白安慰他，没关系的，分开就分开吧，对你来说，离开后的我也是昨日之人，千万别过多挂念。

他就是挂念太多，翰林风华短暂，而他默默惦念已有十年，连老友杜甫都听烦了，“不愿论簪笏，悠悠沧海情”——不要再讨论仕途了，何不过好接下来的人生呢？

“人生在世不称意”，纠结悔恨又有什么用呢？不如“明朝散发弄扁舟”。

闭目有风过耳，他遥想这是否是百年前拂过谢朓的长风，伸手携云，俯身拾酒，搓揉江水成《宣州谢朓楼饯别校书叔云》：

弃我去者，昨日之日不可留；
乱我心者，今日之日多烦忧。
长风万里送秋雁，对此可以酣高楼。
蓬莱文章建安骨，中间小谢又清发。
俱怀逸兴壮思飞，欲上青天览明月。

---

① 李云：又名华，生卒年不详，曾任秘书省校书郎，天宝十一载任监察御史，著有《含元殿赋》。

抽刀断水水更流，举杯消愁愁更愁。

人生在世不称意，明朝散发弄扁舟。

谁能想到，当年食之无味、弃之可惜的翰林供奉，竟然成了他念念不忘的此生高光。如果再来一次，或许他会选择更加迂回的方式实现“济苍生，安社稷，为帝王师”的理想，而非直球单打，最后“一朝去金马，飘落成飞蓬”。

这一生站在开头节点总觉无比漫长，可任意蹉跎，当行至末端却觉短如一瞬，改变命运的关键节点就那几个，错过了就真的错过了，什么“银鞍白马度春风”，什么“君王赐颜色，声价凌烟虹”，都青丝飘飞成了雪。

天宝十三载（754 年），据记载，当时大唐的户数达 906 万余，人口达 5288 万余，唐代有史以来最高纪录，可物极必反，盛到高点后便是加速的滑落。如有预兆般，国内相继发生了水灾和旱灾，大灾后物价飞涨，黎民苦不堪言。

与此同时，朝堂亦是处在水深火热之中。

对外，征战南诏的二十万兵力全军覆没，唐军惨败。

对内，安禄山与杨国忠互相攻讦，矛盾趋于白热化。

天灾和人祸碰了头，只待一场惊雷，便可倾覆所有。

李白感受到了浓烈的不安，却人微言轻，没有任何办法改变，他只能徒看山河老去。他这一年去过很多地方，春天在金陵扬州，秋天又去了宣城南陵，而后到了秋浦（今贵池）。

江浦终年似秋，萧条满目惹人愁，却最是合他心意的。在这里，他往西可以见长安，朝下可以看江水，三十里之阔听猿声，四时之色描洞庭。李白此次在秋浦共住了三年，留下的诗词足足十七首，如《秋浦歌》其十五：

白发三千丈，缘愁似个长。
不知明镜里，何处得秋霜？

他此生数度来秋浦，从朝气蓬勃到暮色沉沉，从青丝满头到白发如雪。当年高呼“丈夫未可轻年少”的总角少年，如今愁共发长，已三千余丈。

次年春天，他先是去茅山见了老友元丹丘，后去当涂，秋天时又回到秋浦大地。满目凋零间，收到宗氏寄来的家书，他深感愧疚，回以《秋浦寄内》。

自成婚以来，他时常纵游四方，他知道她“红颜愁落尽，白发不能除”，他告诉她“江山虽道阻，意合不为殊”。他明白她所有的苦，隔千山万水握住她的手，郑重地告诉她，李白的心从未离开。

可是，确实该走了，他已经在秋浦待了三年。

他曾去泾县桃花潭找好友汪伦[1]游玩，离开时，汪伦在岸边以“踏歌”[2]的形式替他送行，他看着他边歌边舞，以脚踏地，不禁泪满衣襟，脱口唱出《赠汪伦》：

李白乘舟将欲行，忽闻岸上踏歌声。

桃花潭水深千尺，不及汪伦送我情。

李白此生诗赋璀璨，此段时期最是佳句频出，大抵赋到沧桑句便工，他于一生写就无数送别诗，千言万语，字字潇洒，却少有此篇动人。四行二十八字，余味留白，欲说还休，将将写尽别离愁。

当冬满人间时，李白到了宣城。

他站在满目萧条的街道上，平地有风起，山河故人远。

大唐，变天了。

① 汪伦（722—762）：唐开元间任泾县令，李白好友。

② 踏歌：唐朝流行的一种娱乐活动，以脚踏地，边歌边舞。送别友人时，以此表达深深的祝福，这是十分郑重而又浪漫的送别仪式。

六 乱世赋歌终

当天宝丧钟敲响，

盛世的乐声成了葬礼的挽歌。

大厦的轰塌只需一瞬，

长安花不在，马嵬坡无声。

此后再没有那样的年代，万国衣冠拜冕旒。

也再没有那样的诗人，落笔风雨惊，诗成泣鬼神。

他们的选择

天宝十四载（755 年）十一月，安禄山正式造反。

他打着讨伐杨国忠的名义，率领十五万大军从范阳到河北一路南下，势如破竹，所到之处生灵涂炭，一片哀鸿。

一只蚂蚁在大坝下安了家，数年后来了一场风雨，大坝轰然倒塌。

此时没人能想到，这场内战历时八年，以三千万黎民身殒为代价，写下大唐衰竭的墓志铭。朝野上下只是手忙脚乱地应对着这场“黑天鹅”事件。

朝廷先是任荣王李琬①为东讨元帅、高仙芝②为副帅进行东征，结果军队大败于叛军，洛阳及河南诸郡沦陷。接下来，哥舒翰受命

---

① 李琬（？—755）：本名李嗣玄，唐朝宗室大臣，李隆基之子，李亨之弟。

② 高仙芝（？—756）：高句丽贵族，唐玄宗时期将领。

把守潼关，奈何二十万军队人心惶惶、皆为乌合之众。

随之，平原太守颜真卿[①]和常山太守颜杲卿[②]奋起讨伐，河北诸部一呼百应，轰轰烈烈的内战彻底拉开序幕。

唐朝居安太久，兵士纪律涣散，完全不是安禄山军队的对手。洛阳不出一个月便被攻破，安禄山于至德元载（756年）的正月初一正式称帝，号大燕，改年号为圣武。

早些时候，李白就隐隐嗅到了动荡的气息，在和扬州认识的王屋山人魏万[③]同游金陵时，他将此生诗集整理给他，希望魏万能帮忙编纂，同时托付门人武谔接子女南下避难，自己则快马加鞭奔赴宋城，接妻子宗氏一同逃亡。

大唐再也不是昨日的大唐了，安禄山在洛阳烧杀抢掠，冰天雪地下尸横遍野。风呼号，马咆哮，李白在连绵战火中艰难北上，一首《北上行》写尽辛酸泪。

他从当涂返回宣城，和友人崔钦在胡床上吹紫玉箫、谈战乱起时，眼前浮现剡中的一片波光。于是，李白又出发去剡中避难。“歇马傍春草，欲行远道迷”，这一路的漂泊、比之当时的生灵涂炭，

---

① 颜真卿（709—784）：字清臣，唐朝名臣、书法家。

② 颜杲卿（692—756）：字昕，唐朝中期名臣。

③ 魏万：尝居王屋山，号王屋山人，生卒年不详，后改名魏颢，盛唐诗人李颀的晚辈朋友。

实是不足为人道也，《奔亡道中》五首可窥一斑。

到达溧阳的时候，他遇到了张旭[①]。

这位大唐的著名书法家正狼狈逃窜。山河风雨，管你什么“酒中仙”，管你什么“草圣”，都不过是丧家之犬。

大好的三月天，他在楼上和张旭饮酒道别，曾是“饮中八仙”的人，在战火中却再无法逍遥。偶遇是一件多么美好的事情啊，他们本应“丈夫相见且为乐，槌牛挝鼓会众宾”，而今彼此眼中却只剩伤痛和别离。

一杯歌尽，他写《猛虎行》以诉衷情，“我从此去钓东海，得鱼笑寄情相亲”，别了，曾经盛世，曾经无忧的时光。杨花纷纷，行人不语战死魂。

至德元载（756年）五月，郭子仪、李光弼[②]大破史思明[③]，收复河北十余郡。

李白听闻后，返回了金陵。

---

① 张旭（685？—759？）：字伯高，一字季明，唐代书法家，擅长草书，喜欢饮酒，世称“张颠”，与怀素并称“颠张醉素”，与贺知章、张若虚、包融并称“吴中四士”，又与贺知章等人并称“饮中八仙”，其草书则与李白的诗歌、裴旻的剑舞并称“三绝”。

② 李光弼（708—764）：契丹族。唐朝中期杰出的军事将领 ，左羽林大将军李楷洛第四子。

③ 史思明（703—761）：本名窣干，突厥族。唐朝叛将。

至德元载（756 年）六月，安禄山攻陷潼关，哥舒翰屈辱被俘，首都长安被叛军占领。

长安沦陷后，唐玄宗带着杨贵妃、永王李璘[1]及少数随臣仓皇逃亡蜀地，李白得知消息后愤慨非常。“谁道君王行路难？六龙西幸万人欢”，他在《上皇西巡南京歌·其四》中表达了对唐玄宗抛下臣民独自逃亡的失望之情。之后，他辞别金陵，沿长江西上，抵达岳州（今岳阳市）。

这一刻，他开始怀疑起一心向往的帝王，是否真的那么值得他追随。

他失去继续的勇气，同时洛阳以北进一步沦陷，李白为躲避战乱，带着宗氏在庐山屏风叠一带暂时隐居下来。

千里之外的马嵬坡军心生异，一朝兵变，杨国忠被杀，杨玉环自缢身亡，一代佳人香消玉殒。

盛唐的万千气象如烟消散，随着美人香消玉殒，一道飞入云端。

至德元载（756 年）七月，太子李亨继位，是为唐肃宗，改年号为至德。至此，统治达 44 年的唐玄宗成了太上皇。

① 李璘（？—757）：本名李泽，李隆基之子，母为郭顺仪，唐肃宗李亨之弟。

“安史之乱”发生后，李亨[1]在房琯[2]的建议下被任命为天下兵马大元帅，唐玄宗还发布诏令任命诸子分别兼领天下节度使，其中永王李璘被封为山南、江西、岭南、黔中四道节度使和江陵郡大都督。

当时作为谏议大夫的高适进谏，认为诏令不可行，但玄宗没有听从，由此埋下祸根。

江陵富庶，江淮一代所收租赋皆积聚于江陵，随着手中兵力逐渐强盛，这位李亨亲手带大的十六弟李璘生了二心，企图以金陵为根据地，掌握长江沿岸的支配权。玄宗察觉李璘的意图，命其归蜀，李璘对此充耳不闻。

事已至此，朝廷和李璘彻底撕破脸皮。

天下大势合久必分，大树倒下后，散落猢狲各为其利，无人将欲扶树身。

至德元载（756 年）八月，长安沦陷后带着家人到羌村避难的杜甫听说肃宗继位，他只身北上，奈何途中被叛军俘获，又被送回长安。与此同时，五十六岁的王维被贼军生擒，送往洛阳。

时代的一粒尘埃，落在每个人身上都是一座大山。

大势滚滚，个体是何其渺小，什么少年意气，什么无上荣耀，

---

① 李亨（711—762）：又名李嗣升、李浚、李玙、李绍，庙号“肃宗”，是唐玄宗李隆基的第三子，母为元献皇后杨氏。

② 房琯（697—763）：字次律，唐朝宰相，正谏大夫房融之子。

都是浮云过眼。

剡中避难的时候，李白在战火纷飞里留有《经乱后将避地剡中留赠崔宣城》，一句“独散万古意，闲垂一溪钓”写尽对往昔的追思。也不知道是年纪大了，还是战乱所致，近来他尤其喜欢忆从前。他想杜甫，想高适，想吴指南，想王昌龄，也想王判官。他在中夜望天穹，写下这首《赠王判官时余归隐居庐山屏风叠》，思念曾经的知音。“苦笑我夸诞，知音安在哉？”你在哪里呢？以后还能听我天南海北地夸夸其谈吗？

“吾不知其几千里，其名曰鲲。化成大鹏，质凝胚浑。”在李白心中，这份气概从未消失，他“仍留一支箭，未射鲁连书”，这大约也是余生之祸端。

至德元载（756 年）十二月，永王李璘向李白伸出了橄榄枝。

他领军自江陵东下，趋广陵时得知李白隐居在庐山，派韦子春[①]前去邀请。

李白不明其意，外加现在局势动荡，他静观其变许久。韦子春持之以恒地来了数次，颇有刘备三顾诸葛茅庐之诚意，李白那颗因失望渐渐冷却的心又热起来，他最终抱着“扶力一行，前观进退”的态度接受了永王的邀请。

---

① 韦子春（？—757）：唐人。玄宗开元中以勇力闻。

岁末，李白正式成为永王麾下一员。

站在军营中的那一刻，滔天号令震耳来，他凭空生出一股豪迈。“月化五白龙，翻飞凌九天”，足下好像有云凝聚成型，他化身白龙凌空飞起。或许真的能够“所冀旄头灭，功成追鲁连”，像诸葛亮和鲁仲连般剑劈浮云，杀敌疆场，而后潇洒拂衣去吧？

白衣翩跹，沙场风起，那一刻的李白自认比卿相。

在《在水军宴赠幕府诸侍御》中，李白表达出了一种纯粹的天真。

这种天真大概是他这一生起落的原因，他从来嗅不到四伏的危机，也没有敏锐的政治嗅觉可以一窥永王千军万马下的祸事。

在永王军队中的时候，他时常站在高台上看军旗漫卷，想到曾经在金陵、在洞庭远眺大江开阔，他心中的豪情得以具体化。他写有十一首《永王东巡歌》以表达内心的澎湃，一句“但用东山谢安石，为君谈笑净胡沙”，写尽无限期待。

可是，命运好像在跟李白开一个巨大的玩笑，十几年前那场翰林之梦做了一年多，而今这场美梦不到一个月就被一记闷棍打破。

至德二载（757 年）二月，永王不肯听从肃宗诏命回去玄宗身边，并斩阎敬之首级以示众，致“江左大骇”。

朝廷得知消息后，第一时间令来瑱[①]、韦陟[②]会合于安陆，结盟誓师讨伐李璘，淮南节度使高适受命其中。

十二年前，和李白分开的高适四处干谒，他不像李白口若悬河，因为说话略带口吃兼为人木讷，多次碰壁，最艰难的时候甚至靠要饭为生。后来，因睢阳太守张九皋[③]荐举参加道科科举，高适终于得了一个小官，成了封丘尉。三年后，高适放弃好不容易得到的官职，加入陇右节度使哥舒翰幕府，担任掌书记，此后边疆风雨，战火不惧，淬炼出一身硬骨。“安史之乱”发生后，高适先是辅佐哥舒翰镇守潼关，哥舒翰兵败后又加入李亨的阵营，在永王之乱爆发后受命出征，讨伐李璘。

就这样，曾经的朋友在命运的指引下，站在了彼此的对立面。

与此同时，被困长安一年的杜甫成功脱逃，直奔灵武而去，他要追随他的朝廷，他要奔赴他的方向。

那些在梁州（即宋州，今商丘）怀古，于宋中喝酒，登吹台赋诗，入孟诸泽打猎的日子，再也不见了。

---

① 来瑱（？—763）：字号不详，唐朝中期将领，右领军大将军来曜之子。

② 韦陟（696—760）：字幼卿，又字殷卿。宰相韦安石之子，唐诗文家、书法家。

③ 张九皋（690—755）：唐朝大臣，宰相张九龄之弟。

世人皆欲杀

至德二载（757年）二月，永王和高适在丹阳开战，大败被诛。

消息传来的那一刻，军中躁动突起，李白握笔出幕帐，呆呆地看着军中旗帜被人从高墙拔起，扔在了地上。满目狼藉中，风一点点变大，顷刻间灌满天地，像狰狞的妖魔几乎将人吞噬。

“快逃啊！”随着一声惨叫起，众人七零八落地四散奔命。

手中的书册被风大力撕扯，薄薄纸页载着《永王东巡歌》飞入漫天风幡深处。李白一下子明白过来，永王居然造反了，他此番成了罪臣，恐祸及当诛！苍天可鉴，他只是想写丹心报国志，如何就成了叛贼之臣？他不甘心啊！可不甘心又如何，没有人能证明他的清白，他当即从丹阳往南逃。

天野苍苍，前路茫茫，他越想越悲。他不过志在清中原，想还苍生一派安宁，怎么就走到了这一步？他在《南奔书怀》中哀叹，如果一切能重来该有多好。可惜“拔剑击前柱，悲歌难重论”，一切既成事实，他李白终究活成一个笑话了。

从此，《饭牛歌》[①] 再无人听。

他一路逃亡，目睹山河水深火热，有心报国，可惜连自身都难保。

沿途破落，他一边躲避追兵，一边防止敌寇，运气好时能寻得旅店，他躲在房中瑟瑟发抖，每当“罗帏舒卷，似有人开”，就害怕是追来的官兵，却又祈盼会不会来什么救星助他出水火、还他以清白，可“明月直入，无心可猜”，什么人都没有，只一轮孤月静伴左右。

逃到安庆的时候，他还是被捕了。

狱卒凶狠地推推搡搡，将他关在浔阳的牢狱里，李白挣扎着枯瘦的双手想辩解什么，可惜根本无人理会他的哀求。随着“叮当”上锁声，周围静下来，他的世界只剩颓败。

浔阳，今江西九江，曾是陶渊明的隐居之所，也是白居易写下《琵琶行》的地方，可在此无尽浪漫处，李白见过永王浩荡，也最后锒铛将狱下。

此生五十又七年，他从未想过，会有成为阶下囚的一天。

牢里的日子无比漫长，足以让他回忆一生的岁月。

---

① 《饭牛歌》：古歌名。相传春秋时卫人宁戚扣牛角而唱此歌。后遂用作寒士自求用世的典故。

周遭的喧嚣远去，生命中的附加如闲云被风吹散，浮水而出的是那些被他忽视的最为重要的东西。

他写《在浔阳非所寄内》给妻子，猜测她是否“多君同蔡琰，流泪请曹公”。这些年来，宗氏始终任劳任怨，她是他心灵的港湾，也是他的救命稻草。他当然不想死，尤其如此狼狈地死，他想让心中最重要的人能救他一次，一如她的出现照拂他的暮年一般，她能再次挽他余生于将倾。

宗氏并没有辜负李白的期许，早在李白入狱第一时间便翻山越岭，四处奔走。可一介女子又能奈何？乱世风雨，她自保亦是艰难。宗氏不是救他的人，李白又写信给高适。

这位天宝年间同游汴州的老友，他记得他们“醉眠秋共被，携手日同行”的美好时光，同吃同住，把酒言欢，他以为他一定能洗刷他的清白。可高适对此不仅三缄其口，甚至有传言他还烧了与李白相通的书信。

黑暗中的时间流逝地尤其慢，他对着墙壁等啊等啊，高适的消息始终未曾传来。

狱卒笑话他痴心妄想：“人家可是皇帝面前的红人，又是大败永王的淮南节度使，怎么可能替你说话？再说，高常侍现在正受命前去讨伐安史叛军，哪儿有空管你这个阶下囚！”

李白愣愣地听完，忽然就笑了，笑着笑着落下泪来：“好我者恤我，不好我者何忍临危而相挤？”

原来我们的友情，并没有我想的那般坚不可摧。

时光荏苒，对于高适是否在李白事件中伸以援手，又为何不伸或如何而伸，早已不尽可知，后来的《高适年谱》载有“高适对李白之厄难，似无所帮助”①，短短一语写尽李白无数失望。

但是，作为李亨的人，高适不便出面实在是可以理解，更何况他这一生仕途艰难，所尝辛酸不在李白之下，无比珍惜余生机遇实乃人之常情。局中人李白可以有微词，局外人如我们实在难以苛责。

除了高适，杜甫亦对李白此次落难关注有加。

兖州分别后，他们“飞蓬各自远，且尽手中杯”，不想竟成了永别。只身赴灵武的杜甫选择忠于李亨，做了无比正确的政治选择。对于这个老友，他并未如高适缄默不语，而是说他“不见李生久，佯狂真可哀”。确实啊，他们不见很久了，他完全不了解李白的状况，自然对他投靠永王毫不知情。

可是，这样一句满是同情的话，却满是撇清关系的自证。

大难来时各自飞，人生多包袱，没有人是完全为自己而活的，各自为父、为夫，一条人命皆是责任。谁敢拿命一搏呢？更何况，他们还都如此人微言轻，即便出头也不过飞蛾扑火。

① 引自周勋初所著《高适年谱》，上海古籍出版社 1980 年版。

在《不见》中，杜甫一句“世人皆欲杀”道尽李白的凄凉境遇。

李白没有放弃，一封又一封地写下那些求救信。

“如其听卑，脱我牢狴”，在这首著名的《万愤词投魏郎中》中，李白发出痛苦的哀号。谁能救救他呢？一个心向自由的人，被铁链锁在这乌黑的四方之地，多么可悲啊。

世上多是锦上添花，难有雪中送炭，他不知炭火何时来到，疑心会冻死在这大雪最寒之时。

好在年少所赠之花无声在至暗处绽放，予暮年李白一朵不败的希望。

二十三年前，他曾在江夏见过一个被流贬交趾（今越南）的武将，此人名唤宋之悌，是律诗奠基人宋之问的弟弟，时年已垂垂老矣。李白见他落魄，很是同情，写有《江夏别宋之悌》相赠。或许是那句“平生不下泪，于此泣无穷”太过动人，使宋之悌念了一生。后来，他的儿子宋若思[①]当了御史中丞，第一个朝狱中李白伸出了援助之手。

可一个人的力量是不够的，李白又继续向新任宰相崔涣[②]求助。

崔涣和高适都在安史之乱中立有大功，高适是在潼关被破后随

① 宋若思：生卒年不详，天宝末年担任监察御史，后晋升为御史中丞，并充任置顿使。

② 崔涣（707—769）：唐朝宰相，博陵郡王崔玄暐之孙，礼部侍郎崔璩之子。

玄宗逃难而青云直上，崔涣则是在巴西郡（今四川和重庆地区）迎驾流离失所的唐玄宗，外加册立肃宗有功，直接当了宰相。

崔涣好诗词，李白接连投送《系浔阳上崔相涣三首》《狱中上崔相涣》《上崔相百忧章》等诗，崔涣感念他“举酒太息，泣血盈杯”，悯其才气卓绝，故挺身而出。

在宋若思和崔涣合力之下，李白成功获释。

出狱后，李白并未杯弓蛇影，远离仕途旋涡，反而迎难而上，写《树中草》表达对李亨、李璘两兄弟“如何同枝叶，各自有枯荣”的不满。他确实是天真，甚至是幼稚的，曹植一句“相煎何太急”都未向亲兄长谋得好下场，更何况他一皇权身外人。

李白却并不管，或许这也正是他的可爱之处。

自古面具多得，真实却难有。

宋若思对他多有照拂，见他郁郁寡欢，不仅聘他为军幕参谋，还让李白以他的名义给唐肃宗写荐举信。

他洋洋洒洒写有《为宋中丞自荐表》一篇，从志向到才华，再到此来经历的所有坎坷，悉数倾吐纸上。

可惜，肃宗不仅没有理会他的一腔热血，还对永王一事心有戚戚。

至德二载（757 年）九月，李白以戴罪之身在宿松养病。

门前松花落，疆场飞沙滚，大唐风云变幻，先是香积寺死伤惨重，后是郭子仪接连大捷，成功收复两京（西京长安、东京洛阳），朝局渐趋稳定。

至德二载（757 年）十月，唐肃宗返回长安，开始清算永王余党。

李白得知自己在罪臣之列，写了两首《赠张相镐》求救。张镐[①]在平叛安禄山之乱中立有大功，只用三年时间便当上宰相。李白写自己“蹭蹬遭谗毁”的痛苦，亦表达“一生欲报主”的遗憾。张镐虽官场纵横，却和李白有着同样的志趣，对他的遭遇同情不已。只是，此时的他同样身陷囹圄。好在时光再一次回以馈赠，当年和元演在太原救下的郭子仪暗中斡旋，这位肃宗嘴中对国家有再造之功的肱股之臣自然分量十足，有他出面，李白的性命终于得以保全。

至德二载（757 年）十二月，李白免于死刑，获罪长流夜郎。

流放那天，北风在耳边呼啸，大地满是战后疮痍，五十七岁的李白戴上沉重的镣铐，在囚车的“吱呀”声中，离开了浔阳。

此身坎坷无数，本来以为最差不过平凡终老，谁能想到还有如此一遭。

李白苦笑着摇头，开始了他这一生最为屈辱的一年。

---

① 张镐（？—764）：字从周。唐朝时期宰相，代州司功张知古之子。

轻舟过万山

妻子及妻弟宗璟前来相送，“惭君湍波苦，千里远从之”，他和他们一一诀别，留下《窜夜郎于乌江留别宗十六璟》便上路了。

今年真冷啊。

李白坐在囚车上，在寒风中裹紧了衣裳。

街上没什么人，寥寥几位也是脸色麻木，裹紧衣服在凛冽寒风中行色匆匆。遥想以前，若是有坐在囚车上的犯人，人们估计免不了交头接耳地观摩，现在却再也没了心思。

这一刻，他也不知道该庆幸还是惋惜。

夜郎，他知道这个地方还是在司马迁的《史记》中，滇王的那句“汉孰与我大？”[1]惹他嘲笑许久，多么不自量力的人啊，竟然妄想与大汉争大小。

---

① 夜郎自大：出自西汉司马迁《史记·西南夷列传》。

可，这不就是他吗？

一介书生，半生流离，竟也妄想参与那皇权斗争，最后成了棋子被旋涡吞噬，连声余响都没有。

他忽然想到十年前的那个夜晚，在书桌前对着月色摩挲地图，想看看龙标在哪里。好友王昌龄此去前途未卜，他忧心不已，“我寄愁心与明月，随风直到夜郎西”，而今，他竟真的要去夜郎西了。

可是，重走故友路，却再也看不到故人。

不久前，他听人说，王昌龄路经濠州（今凤阳县）时被妒才的濠州刺史闾丘晓[①]残忍杀害。

从此，“七绝圣手”乘风去，世间再无“诗家夫子王江宁”。

什么都没了，故友都已离开，只有这破旧的囚车才是真实的。

至德二载（757 年）十二月，已经成为太上皇的唐玄宗从蜀地返回收复的长安，劫后余生的百姓涕泪横流，载歌载舞地迎接君王归来。百姓对苦难的承受力总是强大的，他们忘记君王对自己的背叛，只希望他能重新构建一个新的盛世。

他们不知道的是，大唐的盛世永远不会再来了。

逝者如斯夫，不舍昼夜。

---

① 闾丘晓（？—757）：中唐官员，史载“晓素愎戾，驭下少恩，好独任己”。公元 756 年，主谋杀害诗人王昌龄。

为了庆祝玄宗回归，朝廷大赦天下，赐酺狂欢，但让李白失望的是，他并不在赦免的行列。

囚车继续往前，耳边传来满城欢歌，他有一瞬间的恍惚。那个充满希望的天朝圣国是不是从未消失？没有战乱，没有反贼，一切不过是他做的一场梦吗？什么“昔在长安醉花柳，五侯七贵同杯酒”，什么“夫子红颜我少年，章台走马著金鞭”，都是梦里的场景，酒散了，梦醒了，他仍旧躺在大匡山的书桌前小酣？睁眼有鸟儿陪伴左右。

想啊想啊，从热闹繁华的街林酒肆，到荒无人烟的偏僻小径，他才相信这不是一场梦，他真的被流放了。“我愁远谪夜郎去，何日金鸡放赦回？”他们在快乐他们的希望，被普天同庆遗忘在角落的他，则独自悲伤着自己的悲伤。

前路漫漫，他在一方牢笼里写下《流夜郎赠辛判官》，他多想回到从前，在长安街道策马扬鞭，在酒楼繁华长醉不醒，那时人间冷暖还未经历，那时老友还在身边。

在李白面临牢狱之灾时，杜甫从贼营逃出，后谒肃宗于凤翔，授右拾遗。

他一路目睹安史叛军在长安“大索三日，民间财资尽掠之”，感花溅泪，恨鸟惊心，创作灵感呈井喷之势，接连写有《春望》等诗，其作大为人颂，世人赞之为“诗史”。

时势造人，当“诗仙”随着盛世的消失如星陨落，“诗圣”踩着纷飞的战火登上舞台。

此后千年万古，长夜漫漫，再无那样的盛世，也再无李白那样的人。

青春豪迈时“请君试问东流水，别意与之谁短长”，失意迷惘时“停杯投箸不能食，拔剑四顾心茫然”。

意气风发时“仰天大笑出门去，我辈岂是蓬蒿人”，温柔婉转时“谁家玉笛暗飞声，散入春风满洛城”。

激情澎湃时“飞流直下三千尺，疑是银河落九天”，伤怀忧愁时“抽刀断水水更流，举杯消愁愁更愁”。

他有着“愿将腰下剑，直为斩楼兰”的豪迈，也会“一枝红艳露凝香，云雨巫山枉断肠”的娇媚，更有“郎骑竹马来，绕床弄青梅”的纯澈。他如此真实，没有佯装的真情，没有故作的伤怀。

不同于其他诗人的传世之作有着严格的标签，一字一句尽得韵律，李白的作品和他的人一样特立独行。

民风开放的盛唐空前地开放和包容，也正是在这样的时代才能够让自己做自己，海纳百川的时代遇到了至纯至粹的人，成就了那个独一无二的盛世永恒。

乾元元年（758 年）的春天，他到了江夏。

他来此无数次，可从未想过有朝一日再站在这里竟是以流人身份。关山难越，谁悲失路之人？他重访了李邕故居，又再一次登上了黄鹤楼。

衣衫褴褛的诗人早已白发苍苍，他忆起第一次读到崔颢诗时的沮丧，不由感叹曾经轻狂的自己。“日暮乡关何处是，烟波江上使人愁”，如果可以，他多想一辈子都不染沧桑。

好友史郎中知道李白路经此地，前来送别。

两人负手而立，许久未言，任一曲《梅花落》[①]飞入鹦鹉洲深处。

在这哀切的曲调中，他想到了很多往事，三十年前大匡山的雪，洞庭湖边吴指南的墓，广陵旅社病榻前的月，敬亭山上高飞的鸟……当年写“谁家玉笛暗飞声，散入春风满洛城”时，他还有家可想，现如今梅花落满五月江城，他却“西望长安不见家”。

一首《与史郎中钦听黄鹤楼上吹笛》，写尽这一刻的感伤，写尽流放路上的沧桑，更写尽他这一生的遗憾。

他从九江逆流往上，这条路走了将近一年。

秋天的时候，李白过洛阳、经金陵，终于在冬回大地时进入长江最险峻的三峡一带。

“巫山夹青天，巴水流若兹”，简单十字，盛满巫山巴水的险

---

① 《梅花落》：南朝宋诗人鲍照创作的一首乐府诗。

峻崎岖。他乘一叶扁舟逆流而上，水道迂回，小船时时遇阻，他在黄牛峰里徘徊了三天三夜。“不觉鬓成丝”，眼前的路却依旧没有尽头。

在记录这一段旅途的《上三峡》中，李白再也没有曾经漫游的心境，只觉道阻且长，此生无望。他也挣扎过，写自陈书昭告忠心，可大势滚滚、人人自危的年代，谁又会管一个罪臣的呼声。

一年了啊。

原先还能收到妻子、孩子的家书，随着路途遥远，他们的书信越来越难寄达。李白时常对着春归大雁思念远方的亲人，疑心为何“南来不得豫章书”。是家人将他忘了吗？还是家人遇到什么危险了？他们可有思念他，可有继续为他奔走？

想想真是惭愧，他从未给他们带来过美好的生活，却让他们为他操碎了心。他写《南流夜郎寄内》郑重地交给信客，哪怕妻子可能并不会收到。

好在苍天不忘，李白终于等来了好消息。

乾元二年（759 年）的春天，小舟行至白帝城的时候，他收到了被赦免的诏令。

得知恢复自由的那一刻，手中的船桨“哐”地掉落船头。他就这样愣愣地站着，任时间流逝，岸边来往的人渐渐多起来，天际的黑暗一点点被光明驱赶。太阳出来了，朝阳从地平线猛地跳到滚滚红尘，万丈光芒顷刻间覆盖大地。

李白一下子回过神来，浑浊的眼中射出精光，那个“眸子炯然，哆如饿虎”的李白又回来了！

他欣喜若狂地拾起船桨，而后辞别白帝城，沿着长江飞流而下。不同于来时逆流的艰难险阻，归途顺畅无比，他像脱弦的箭飞离弓弩，劈开狂风，一路射回江陵。两边猿猴啼鸣不休，青山在身侧倒退，像过往灾难一一闪现，而后被彻底抛诸身后。

再回头时，万重山不见，轻舟已离夜郎远。

一曲《早发白帝城》风发无比，不复后期诗作之沉郁，恍惚间好像又回到了从前：

朝辞白帝彩云间，千里江陵一日还。

两岸猿声啼不住，轻舟已过万重山。

当站在江陵大地，他看着眼前百花烂漫，终于如释重负地吐出那口浊气，轻轻笑开。

这就是李白啊，无论经过多少苦难，从不会让风霜多留半分。

投仕心不灭

初夏时分，李白成功抵达江夏，并在这里停留到冬天。

在寒风呼啸中，他想到这一年以来的经历，伤痛过，懊悔过，可如果有重来一次的机会，他依旧会毫无顾忌地投身宦海。

院中的树光秃秃的，他想到初来时它青葱满枝的模样，后来硕果在深秋中腐烂，绿叶在初冬里零落，现在已经只剩枝干了。

人生约莫也是如此，转眼青丝已白头。

生而为人是一次多么珍贵的体验，有无来生无人知晓，他不想让时光白白流逝，他想再冲一把。于是，他对着镜子认真收拾了两鬓白发，又整理好仪容，而后庄重研墨，重新开始自荐。

信写了一封又一封，尤其是写给江夏韦太守的《经乱离后天恩流夜郎忆旧游书怀赠江夏韦太守良宰》长达近千字，为他此生诗词字数之最。他在诗里回顾了整个人生，盛赞韦太守“清水出芙蓉，天然去雕饰”，不同于那些污浊之人。

韦太守大约并不如他所祈盼，因为他并没有等到那一枝橄榄枝，清水中的芙蓉或许只有他自己。无论为人还是作诗，没有苦吟三年，亦没有一字千金，均是神来之笔。

无尽等待中，友人裴侍御邀请他去洞庭湖相聚。

抵达时，天色已近黄昏。李白乘小舟在江面遥望，眼前波光粼粼，水面像是被镀了一层金粉。他漫无目的地随水逐流，月亮不知何时偷偷爬上头顶。晚风吹来，夜色带上几分寒意。诗人裹紧衣裳，正觉寒凉时，听到友人呼声，原来已经到了山陵丹崖洞。

裴逸人抱着琴从竹林中走出，其姿飘逸出尘，李白见之不禁心旷神怡。

两人在石桌前坐下，对着满山夜色畅饮，酒酣时，裴逸人兴起抚琴，一曲《鹍鸡》[①]妙如仙乐，令人听之恍然不知今夕是何年。

次日醒来，李白发现自己竟然躺在裴家北窗下睡了一夜，而且睡姿十分不雅，不由叹笑。抬头见日光照了进来，他呆呆地伸手看着掌心的纹路，忽然生出一种“人生且行乐，何必组与珪”的了悟。

他写《夜泛洞庭寻裴侍御清酌》给友人，告诉他，也告诉自己，人生短暂，应当及时行乐啊。

在诗人飘零四方时，叛军内部也动荡不已。

---

① 《鹍鸡》：古曲名，出《文选·张衡＜西京赋＞》“翔鹍仰而弗逮”。

两年前，安禄山被儿子安庆绪等人杀害，史思明起了自立之心。

乾元二年（759年）正月，史思明自称大圣燕王，四月杀安庆绪，五月改称大燕皇帝。

早在安史之乱爆发后，大唐的中央集权已经日趋衰弱，地方割据势力此起彼伏，纷纷生了二心。襄州和荆州守将据州作乱时，李白正困在巴陵，他无法引刀成一快，只能看着满目疮痍的大地，再在《荆州贼乱临洞庭言怀作》中哀叹一声“长叫天可闻，吾将问苍昊”。

曾经繁华的章台再不见，唯有废墟残河静东流。他眼睁睁看着国家从最鼎盛处跌落，有心扶之于将倾，却始终无力回天。

上元元年（760年），随着连年征战，民间闹起了饥荒。时年物价飞涨，斗米千钱，甚至有人吃人的现象发生。李白预感这副衰老的躯体怕是做不了什么事了，决心利用余生学道游仙，了此残年。

这一年，杜甫从成都搬去了浣花溪草堂，他在城春草木中怀念李白，“冠盖满京华，斯人独憔悴”，可他们再也没有相遇的机会了。

上元二年（761年），李白彻底进入花甲之龄。

春天的时候，他从洞庭返回了江夏，远眺鹦鹉洲时想起了东汉末年的名士祢衡[①]。祢衡一身傲骨，曾因不满曹操而击鼓羞辱他，曹

① 祢衡（173—198）：字正平，东汉辞赋家、名士。

操于是借刀杀人，将他转送刘表，后又辗转到江夏太守黄祖[1]手中。他曾写下《鹦鹉赋》以示心中抱负，却在二十六岁的大好年华惨被杀害。

他想到自己和祢衡又有什么不同呢？一片真心，最后却只得一句“迁客此时徒极目，长洲孤月向谁明”。他写《鹦鹉洲》叹古怜今，又一次想起了崔颢的“晴川历历汉阳树，芳草萋萋鹦鹉洲”，他同样想起了老友孟浩然的“昔登江上黄鹤楼，遥爱江中鹦鹉洲”。

都在写鹦鹉洲，都在滔滔江水前，任泪东流。

说到底，谁的心中又没有遗憾呢！

他重走了很多老路，好像想将一生的场景回放。

辞别黄鹤楼后，他又拄着绿玉杖，蹒跚着去了庐山。即便垂垂老矣，他依旧抱有“我本楚狂人，凤歌笑孔丘”的傲气，他从来不甘心躺倒在人生的绝境里自怨自艾，没有什么能打倒他。

上庐山后，他给友人卢虚舟[2]写诗，一首《庐山谣寄卢侍御虚舟》写尽他和庐山的缘分，犹记二十五岁那年初见，他说自己“酒隐安陆，蹉跎十年”，可转眼此身已百年。

---

① 黄祖（？—208）：东汉末年将领，刘表任荆州牧时，黄祖出任江夏太守。

② 卢虚舟：字幼真，生卒年不详，肃宗时任殿中侍御史，相传“操持有清廉之誉”（见清王琦注引李华《三贤论》），曾与李白同游庐山。

上元二年（761 年）3 月，史思明为长子史朝义所杀，他拥有了和安禄山一样的宿命。

随即天灾人祸接踵而至，人民处在水深火热之中，李白的生活也愈发艰难。

离开庐山后，他流落到江南金陵一带，饱一顿饥一顿，靠人赈济为生。此前，他虽仕途不得志，可心有郁郁却从不曾亏待身体分毫。衣食无忧时从未想到，原来生活竟能如此艰辛。他再也没有“五花马、千金裘，呼儿将出换美酒”的潇洒了，想到曾经“千金散尽还复来”的豪迈，只剩一声叹息。

即便如此，对于理想抱负的追求，他却从不曾忘却。

上元二年（761年）四月，梓州刺史段子璋[1]谋反，先是攻陷绵州（今四川绵阳东），后自称梁王，但段子璋没得意太久，很快被高适一举平定。消息传来时，李白想到了那年大梁的三人游，不由得感慨万分，写下《君马黄》和《箜篌谣》，可问再多句“相知在急难，独好亦何益”也没用，二人再也无法齐头并进了。

一个月后，李光弼成为河南副元帅，并在徐州大败史朝义，李白一颗心蠢蠢欲动起来。秋天的时候，史朝义卷土重来，李光弼受命镇压。李白听到消息后再无半分犹豫，他请缨赴临淮，想要投李

① 段子璋（？—761）：唐朝将领、节度使，后谋反，自称王。

光弼的军幕。

可惜，行至半路时，他旧疾复发，再无法前进半步。他抚心停在途中，遥遥看落叶在秋风寂寥中缓缓飘荡而下，好像对他招手说，归去吧，归去吧。

他伸出形如枯枝的手，愣愣地看着，蓦地就落下泪来。

没有机会了，再也没有机会了。

这样一副残破之躯，所有未完成的理想，所有行至半途的前路，都凋零在冬风中了。

仙飞天外去

六朝旧事身已老，金陵伤心画不成。李白在古都看冬风苟延出最后一口残喘，耳边蓦地又响起了梦中的塞外号角声。眼前旗帜翻飞，胸中荡气回肠，他使箭搭弓，将刀出鞘，再睁眼却是黄粱梦一觉。

理想破灭了，连健康的身体都没有了。

好在，他还有一支笔。

沦落金陵时，他缠绵病榻许久，幸得群官收留才有安歇之处。他不愿以一副病躯过多打扰，身体未好全便和友人们辞别了。离去时，他将这一路的折戟经历写在送别诗里，一首《闻李太尉大举秦兵百万出征东南，懦夫请缨，冀申一割之用，半道病还，留别金陵崔侍御十九韵》道尽无奈。“金陵遇太守，倒屣欣逢迎”，为了迎接他激动到穿倒鞋的崔侍御啊，他这头孤凤就要飞到西海去啦。

辞别北溟，大鹏此生再不复见。

这一刻的他，或许是感觉到自己来日无多了。

这年冬天，走投无路的李白流浪到当涂，实在撑不下去了，只能投奔当涂县县令李阳冰。

李阳冰是李白的从叔，擅书法，好文采，世人赞其为“仓颉后身”。李白写了一首洋洋洒洒的《献从叔当涂宰阳冰》，将这一路的辛酸道尽，他说自己“赠微所费广，斗水浇长鲸”，他赞李阳冰“落笔洒篆文，崩云使人惊”，言辞辛酸，暮年末路尽诉纸上，闻者无不泪下。

二十岁那年大笑着“丈夫未可轻年少”而摔门离去的少年，终究成了如今“小子别金陵，来时白下亭”的寒酸求助老者。

这年冬天，李阳冰收留了李白。

人生多悲，不能忆从前。

不久前辞别金陵时，朋友们在白下亭送他，当年“五花马、千金裘”的潇洒少年不见了，取而代之的是朝着众人颤巍巍伸手请求资助的老者。友人们掏出节省下的家当接济他，可这些钱不过杯水车薪，根本无力为继。

去哪儿了呢？

那年回望绣成堆的长安是不是真的只是大唐子民梦一场，梦醒了，什么都没了。

他还记得长安那一片月下，千家万户响起的捣衣声犹在耳边，可怔怔低头，只残躯一副瑟瑟雪上。眼前好像有白衣仙人乘云而去，他伸手想抓，摊开掌心，只有老树年轮般的印痕，静静诉说着岁月无声。

做了几十年的梦随着仙人化风而去，一下子就醒了。

病来如山倒，李白在寒冬下裹着厚厚的棉衣缠绵病榻，偶尔能撑着病体起来，再一点点将那些年的诗词整理成册。

冬去春来的时候，病情依旧没有好转，他看着花满人间，执意想要再度远游。推开木门站在庭院外的那一刻，恍若和几年前隔了一个人间。

他来往于宣城和南陵，想要找回往昔的激情。

可是，当站在满是杜鹃花的宣城时，他好像看到那花儿活了，成了一只只杜鹃，带他回了蜀川大地。

蜀川啊，自古遍地杜鹃“年年叫蜀门”，彼时再寻常不过的景致而今成了镜花不得，时时于午夜惹他梦回百转。他颤抖着手，撑起昏花的眼，写下《宣城见杜鹃花》。以诗为契，现在、过去交接，那个“仗剑去国，辞亲远游”的少年踏过时光站在他面前。

他抬起头来，傲气卓绝地问他：

你可曾后悔？

若是人生再重来，可还会有“已将书剑许明时”的勇气？

会吗？李白不知道。

“自有归心似见机”，此身已去半百年。

不管如何，好的坏的，这一生终究是要过去了。

宝应元年（762年）四月，唐玄宗和唐肃宗相继死去，李豫继位，是为唐代宗。

宝应元年（762年）五月，永王之案平反，一个时代彻底结束。

得知消息的时候，他正在床头整理书册，闻言，枯槁的手停在半空，昏黄的烛火在夜色下摇曳舔舐，最后抵不住滚滚而来的暗色，仅剩的微光也被黑夜吞没。

秋天的时候，李白重新登上了龙山，这一路耗尽他所有心力，可待见龙山攀西而卧时，他悉数忘却了此身痛苦。在《九日龙山饮》中，他详细地留下抵达时间，记录生命中最后一次登高远望。

菊花一杯酒，吹落月下人，故事的一切从大匡山开始，又将在龙山落下帷幕。

归来后，李白的身体急剧恶化，连日常起居都成了困难。

他预感此生来日无多，将生平所有著作整理好，郑重地托付给李阳冰：“若此身故去，烦请编辑成文，并帮忙作序。”

泣血之恸，不啻遗世托孤。

李阳冰百感交集，对其著作视如珍宝。

宝应元年（762 年）十一月，寒霜初降大地，缠绵病榻多时的李白久违地有了精神，干涸的老眼明亮异常，如枯木再逢春。下人来报这一好消息，李阳冰以为李白即将痊愈，前来贺喜，却见李白正长歌当哭，涕泪不已。

李阳冰上前看去，却见一曲《临路歌》龙飞凤舞地静陈纸上：

大鹏飞兮振八裔，中天摧兮力不济。

余风激兮万世，游扶桑兮挂左袂。

后人得之传此，仲尼亡兮谁为出涕？

短短六行、区区四十一字，太白一生结语。

笔“哐”地落下，李阳冰赶紧上前扶住，手中的人身轻不似人间人，低首看去，李白早已阖眼。

宝应元年（762 年）十一月，这位历劫归天的谪仙人，至此，再不用尝人世万苦。

谁不忆太白

关于李白的逝去，共有三种说法：其一来自李阳冰在给李白的遗作中所写之序，曾提及李白得了“腐肋病”；其二是《旧唐书》中所说“以饮酒过度，醉死于宣城”；其三是民间的一种说法，亦是最为浪漫的说法，称其“捉月骑鲸而终”。

闻一多在诗歌《李白之死》中插上梦的翅膀，幻想一场伟大诗人救月上天的奇遇。

五岁那年大漠的白玉盘，二十六岁那年床头的地上霜，终究是随着后人无数旖旎的想象，永远和他缠绕在了一起。

来不知何处，逝不明所终，他像仙界来的一支笔，撷浮云作笺，吞吐山河其上。

至此，长安酒肆歌无数，诗家遍开盛唐花。

李白故去后，李阳冰将他葬在龙山，并谨记他临终前“枕上授简”的嘱托，伏案奋笔，在李白曾哀此生凋零的案盏上，一点一滴回溯他的生平过往，将李白所赠留笔编撰成《草堂集》十卷。[①]

在《草堂集序》里，李阳冰郑重落笔“千载独步，唯公一人”。

彼时的李白尚未千古，可在古今多少豪杰里，他是李阳冰心中的第一人。

虽盛世如烟灭，李白的抱负也并未完成，这部作品却穿过岁月和战火，留存下来，不能不说是另一种盛大的馈赠。

世事总是这般奇妙，却也实在弄人，他活着时“世人皆欲杀”，他死后全世界都爱他。

无数文人骚客前来城南龙山东麓祭奠李白，他们上香叩拜，吟诗遣怀，他们爱他“十步杀一人”的万丈豪情，他们爱他“天生我材必有用”的自信洒脱，他们爱他“对影成三人”的乐观可爱，曾经那般惊才绝艳的人，而今只得枯山一坟，世间无限失意大抵如此，那他们眼前的坎坷又算得了什么呢？恰如白居易曾在《李白墓》中无限怜悯“可怜荒垄穷泉骨，曾有惊天动地文”。

他们用他聊慰内心，如他曾将梁园司马作桃源之托，他自己亦成无数后人心中的乌托邦。

人间凄苦多，且举杯，邀太白。

---

① 引自陈伯海等著《唐诗学书系》，上海古籍出版社 2021 年版。

李白有两子一女，长女叫李平阳，是许氏的女儿，也是李白的第一个孩子。

诗人赐金放还后寓居金陵，曾遥望家乡思念原配留下的一双儿女，提及“娇女字平阳，折花倚桃边”，可惜如此娇女却年少丧母、无父伴左右，用稚嫩的肩膀承担起长姐如母的责任，照顾弟弟。小小年纪的女孩经历生活多少风霜可想而知，操劳心瘁过度，以至年纪轻轻便“既嫁而卒”[①]。

李白此生坦荡为人，但最对不起的人里，一定有她。

可是，她犹记得他曾握起她的小手，那么爱自由的人因为她的出生停留了一年之久。桃花屋下千般语，曾是牙牙学话时。

如果弥留曾相见，我想，她的临别之言一定是，来世再续父女情。

李白的长子叫李伯禽，小名“明月奴”，是许氏的儿子。

后人曾广为传言，说李白因酗酒过度，导致后代均痴傻愚笨，但唐时有位叫李华[②]的文学家曾撰有《故翰林学士李君墓志铭并序》，其中提及李白的两个儿子，“有子曰伯禽、天然，长能持，幼能辨，数梯公之德，必将大其名也已矣”。

---

① 引自朱自清等著《西南联大通识课》，天地出版社 2022 年版。

② 李华（715—766）：字遐叔，隋朝尚书左丞李孝威的玄孙，唐朝安邑令李虚己的第三子。中国唐代散文家、大臣。

伯禽能持，一边操持家务撑起整个家族，一边侍奉父亲终老左右。

流放夜郎途中，至江夏登黄鹤楼眺望鹦鹉洲时，他曾令儿子打扫院落以接待客人，有“呼儿扫中堂，坐客论悲辛”为证，这里的“儿”想来便是伯禽。

临终前一年，李白在谢氏山亭游历，曾提及每逢大醉后乘着月色归去，远远总能看见儿子在家门口等着他。“醉罢弄归月，遥欣稚子迎”，仕途或许不曾厚待李白，可他李白真幸运啊。

暮年伶仃时，依旧有子相随，那么再多的凄风苦雨，又有何惧呢？

李白在当涂逝去后，伯禽便在当涂安了家，此后三十载于此娶妻生子，终了余生[①]。

至于小儿子李天然，乳名“颇黎”，是李白和东鲁女子所生[②]，他的记载较少，上文李华的那句“幼能辩”，想来是说幼子思辨极佳，口齿伶俐，可见其聪慧。关于他的下场，大多数人认为其随母生活，鲁女天不假年病故后，他便走失在战乱里，不知所终了。[③]

---

① 引自李长之《李白传》，人民文学出版社 2022 年版。

② 引自朱自清等著《西南联大通识课》，天地出版社 2022 年版。

③ 引自吴俣阳所著《人生得意须尽欢》，台海出版社 2023 年版。

广德元年（763 年）二月，安史之乱被平定。

那一场“宫室焚烧，十不存一”的惨烈战争结束了，可全盛时的大唐再也不会回来，伟大仙人的逝去，一并带走了盛世最后的荣耀。

在大唐飘摇中，属于李白的故事却仍未结束。

元和十二年（817 年）正月，与李白有通家之好的范传正得知李白的后代在当涂县过得并不好，便会同县令诸葛纵前去拜访。

李伯禽有一子二女，儿子“少年出游，一二十年，不知所在”。

范传正于是找到了李伯禽的两个女儿，也就是李白的孙女，她们嫁给了当地的农夫，一为陈云之室，一乃刘劝之妻。二人热情地接待了范传正，并告诉他“先祖志在青山，殡于龙山东麓，地近而非本意”，还找到李伯禽的手书信札交给他。由于年久日长，手稿的内容缺失了很多，但依旧十分珍贵，范传正如获至宝地收下，又根据李白的遗愿，将他的墓穴迁移到了和龙山遥遥相对的青山。

青山多幽，因宣城太守谢朓曾建故宅于南麓，又名谢公山。

“蓬莱文章建安骨，中间小谢又清发。”他终于辞别人生不称意，共谢朓散发弄扁舟去了。

后来，范传正又根据李伯禽手稿中的内容给李白写下墓志铭，是为《唐左拾遗翰林学士李公新墓碑并序》也。迁好墓碑，范传正见二女面朝黄土，不忍其终此身为农家妇，欲将她们改嫁士人。

二人深深鞠了一个躬，谢绝了范传正的提议。

夫妻之道，命也，亦分也。在孤穷，既失身于下俚，仗威力乃求援于他门。生纵偷安，死何面目见大父于地下？欲败其类，所不忍闻。

夫妻之道乃天命所定，既落魄时已嫁其人，又如何能仗着势起再攀他人？如此，有何面目见九泉之下的祖父啊！

她们如此说道，不卑不亢，如话家常。

青山不远处有微凉的风自平地起，像极了那年月夜下李白对酒看月时吹过的风。

附录 APPENDIX

李白生平大事记

武后长安元年（公元 701 年） 一岁（虚岁）

生于安西都护府下辖的碎叶城（在今吉尔吉斯斯坦首都比什凯克以东的托克马克市附近）。

祖籍陇西，其母梦长庚星，生而名白。

李阳冰《草堂集序》有“公又疾亟”之语，末云：“时宝应元年十一月乙酉也。”李华《故翰林学士李君墓志》云：“年六十有二，不偶，赋《临终歌》而卒。”清代王琦以此推论出李白生于长安元年。

中宗神龙元年（公元 705 年） 五岁

父李客率全家由西域迁居至四川绵州昌隆县青莲乡，发蒙。

随父亲读书，诵六甲，见《上安州裴长史书》：“五岁诵六甲。”

睿宗景云元年（公元 710 年） 十岁

观百家、通诗书。

《上安州裴长史书》："十岁观百家。"《新唐书》本传："十岁通诗书。"《秋于敬亭送从侄耑游庐山序》："余小时，大人令诵《子虚赋》，私心慕之。"大约也是始于此时。

玄宗开元三年（公元 715 年） 十五岁

观奇书，学剑术，好神仙。

《赠张相镐二首·其二》："十五观奇书，作赋凌相如。"

《与韩荆州书》："十五好剑术。"范传正《李公新墓碑》云："少以侠自任。"《感兴八首》："十五游神仙，仙游未曾歇。"

开元六年（公元 718 年） 十八岁

隐居大匡山，跟着赵蕤学纵横术。

开元七年（公元 719 年） 十九岁

《访戴天山道士不遇》或作于是年，这是现存李白诗歌中可悉年代最早的一首。

开元十二年（公元 724 年） 二十四岁

仗剑离蜀、辞亲远游。

《上安州裴长史书》：“以为士生则桑弧蓬矢，射乎四方，故知大丈夫必有四方之志，乃仗剑去国，辞亲远游。”

是年，写有《渡荆门送别》《秋下荆门》等诗。

出三峡，游楚地，下江陵，在江陵遇司马承祯，作《大鹏遇希有鸟赋》。

开元十三年（公元 725 年） 二十五岁

往来湖湘，与友人吴指南游洞庭。夏天，吴指南病重身故，权且下葬于洞庭之畔。秋至金陵。

开元十四年（公元 726 年） 二十六岁

春，自金陵至扬州，又往游苏州、杭州、越州、台州，东涉溟海。然后回舟北上，复至扬州，散金三十万救济落魄公子。

曾卧病于扬州，病后思乡作《静夜思》。

是年，写有《金陵酒肆留别》《夜下征虏亭》《苏台览古》《乌栖曲》《越中览古》《淮南卧病书怀寄蜀中赵征君蕤》等诗。

开元十五年（公元 727 年） 二十七岁

自扬州北游至汝州，还憩云梦。故相许圉师家以孙女相招，于是与许氏结婚，开始了“酒隐安陆、蹉跎十年”的岁月，曾寓居安州北寿山。

其间，曾冲撞李长史车马，与元丹丘一起受安州都督马正会和李京之长史接见。

是年，著有《代寿山答孟少府移文书》《上安州李长史书》《天台晓望》《早望海霞边》等作。

开元十六年（公元 728 年） 二十八岁

春至江夏，改葬吴指南。

暮春，送孟浩然之广陵。

回安陆，寓居白兆山。

是年，写有《早春于江夏送蔡十还家云梦序》《黄鹤楼送孟浩然之广陵》等。

开元十八年（公元 730 年） 三十岁

隐于安陆白兆山，有《安陆白兆山桃花岩寄刘侍御绾》《山中问答》诗。

遭受谤毁，有《上安州裴长史书》，在安陆未找到出仕机会。

是年，一入长安，结识崔宗之，寓居终南山玉真公主别馆，求援引未果。写有《酬崔五郎中》《玉真公主别馆苦雨赠卫尉张卿》二首等。

开元二十一年（公元 733 年） 三十三岁

是年，应元丹丘邀请，赴嵩山隐居。

结识元演，往来于洛阳、襄汉、安陆之间。

开元二十二年（公元 734 年） 三十四岁

游襄阳，拜见荆州长史韩朝宗，写有《与韩荆州书》。

秋至江夏，有《江夏别宋之悌》等诗。

冬至随州，与元丹丘、元演同访胡紫阳。

开元二十三年（公元 735 年） 三十五岁

五月，与元演越太行游太原，并曾北游雁门关。写有《太原早秋》诗等。

六月，司马承祯卒。

开元二十四年（公元 736 年） 三十六岁

春在太原，五月迁居东鲁，寓任城。

与孔巢父、韩准、裴政、张叔明、陶沔隐居于徂徕山，酣歌纵酒，号竹溪六逸，著有《五月东鲁行答汶上翁》等。

开元二十五年（公元 737 年） 三十七岁

居东鲁，作《客中作》《嘲鲁儒》《登单父陶少府半月台》等。

开元二十六年（公元 738 年） 三十八岁

居东鲁，复西游洛阳。

开元二十七年（公元 739 年） 三十九岁

由洛阳往淮南，秋至巴陵，遇王昌龄。昌龄有《巴陵送李十二》诗。

开元二十八年（公元 740 年）四十岁

是年，张九龄、孟浩然逝世。

开元二十九年（公元 741 年） 四十一岁

居东鲁，游东鲁各地。

天宝元年（公元 742 年） 四十二岁

秋，二入长安。

自南陵奉诏入京，有《南陵别儿童入京》诗。

玄宗召见于金銮殿，命为待诏翰林。

天宝二年（公元 743 年） 四十三岁

待诏翰林，草《和蕃书》或《出师诏》。

醉写《清平调词》《宫中行乐词》，自以为升迁有望。

秋，遭谗见疏，遂有归隐之念。有《玉壶吟》《翰林读书言怀呈集贤诸学士》等诗。

天宝三载（公元 744 年） 四十四岁

正月，贺知章请度为道士还乡，李白有《送贺宾客归越》诗。

三月，上疏请还山，玄宗赐金放还。写有《还山留别金门知己》《春陪商州裴使君游石娥溪》等诗。

秋，在梁宋间会见杜甫、高适，畅游梁宋，纵猎孟诸。

冬，从高如贵道士处受道箓于齐州紫极宫。写有《秋猎孟诸夜归置酒单父东楼观妓》《奉饯高尊师如贵道士传道箓毕归北海》等诗。

天宝四载（公元745年） 四十五岁

春，与杜甫同游东鲁，杜甫《寄李十二白二十韵》："行歌泗水春。"

夏，与高适、杜甫同在济南会见北海太守李邕。

秋，与杜甫重游鲁郡同寻范居士，同往龟蒙山元丹丘处做客。

旋于东鲁送别杜甫，写有《鲁郡东石门送杜二甫》诗。

天宝五载（公元746年） 四十六岁

居东鲁，复思游越，告别东鲁诸公，写有《梦游天姥吟留别》。

天宝六载（公元747年） 四十七岁

春在淮南。

夏由广陵至越中，吊贺知章，写有《对酒忆贺监二首并序》《重忆一首》。

秋游金陵，尝与崔宗之月夜乘舟自采石达金陵，着宫锦袍坐舟中，旁若无人。

天宝七载（公元748年） 四十八岁

寓金陵、扬州江阳县、庐江等地，写有《庐江主人妇》《寄上吴王三首》等诗。

天宝八载（公元 749 年） 四十九岁

寓金陵，怀念子女，写有《寄东鲁二稚子》《送萧三十一之鲁中兼问稚子伯禽》等诗。

《闻王昌龄左迁龙标遥有此寄》诗约作于是年暮春。

是年，哥舒翰夺回石堡城，李白于冬天写有《答王十二寒夜独酌有怀》诗，对此事加以讽刺。

天宝九载（公元 750 年） 五十岁

返东鲁，写有《任城县厅壁记》《崇明寺佛顶尊胜陀罗尼幢颂并序》。

秋，访元丹丘石门幽居，写有《寻高凤石门山中元丹丘》《秋日炼药院镊白发赠元六兄林宗》等诗。

天宝十一载（公元 752 年） 五十二岁

北上途中游广平郡邯郸、临洺、清漳等地。写有《登邯郸洪波台置酒观发兵》《赠临洺县令皓弟》《赠清漳明府侄聿》等诗。

十月，抵幽州。初有立功边疆思想，在边地习骑射。有《行行且游猎篇》《幽州胡马客歌》等。后发现安禄山野心，登黄金台痛哭。不久即离幽州南下，写有《北风行》《远别离》等诗。

天宝十二载（公元 753 年） 五十三岁

春归梁园，南游。

秋至宣城。

冬复至金陵。写有《留别曹南群官之江南》《自梁园至敬亭山见会公谈陵阳山水兼期同游因有此赠》《独坐敬亭山》《赠宣城宇文太守兼呈崔侍御》《宣州谢朓楼饯别校书叔云》(《陪侍御叔华登楼歌》) 等诗。

天宝十三载（公元 754 年） 五十四岁

游广陵，与魏颢相遇，同返金陵，尽出诗文，请魏颢编集。

写有《送王屋山人魏万还王屋》诗。

闻晁衡回国途中遇难，写有《哭晁卿衡》诗。

秋冬，游秋浦、泾县，写有《秋浦歌十七首》《赠汪伦》等诗。

天宝十四载（公元 755 年） 五十五岁

居宣城，与宣城太守赵悦交游，写有《赠宣城赵太守悦》《为赵宣城与杨右相书》《赵公西候新亭颂》。

安禄山十一月在范阳起兵反叛，十二月陷洛阳，河南诸郡皆沦陷。李白冬天北上梁园，携宗夫人自梁园经洛阳西上华山。

肃宗至德元载（公元756年） 五十六岁

从华山南下宣城，写有《奔亡道中》诗。

过当涂，写有《春于姑熟送赵四流炎方序》。

抵宣城，又往越中，写有《经乱后将避地剡中留赠崔宣城》诗。

过溧阳，写有《扶风豪士歌》《猛虎行》《溧阳濑水贞义女碑铭》。

至杭州，写有《感时留别从兄徐王延年从弟延陵》诗。

秋，与宗夫人隐于庐山屏风叠，有《赠王判官时余隐居庐山屏风叠》。

冬，永王璘水军至寻阳，三次遣使聘请，李白下山入幕。写有《赠韦秘书子春》《别内赴征三首》等。

至德二载（公元757年） 五十七岁

正月，随永王军东下。写有《在水军宴赠幕府诸侍御》《永王东巡歌》等。

二月，永王兵败被杀，李白自丹阳郡南奔，有《南奔书怀》诗。

被系浔阳狱，写有《狱中上崔相涣》《上崔相百忧章》《万愤词投魏郎中》《在浔阳非所寄内》等诗。

宗夫人奔走营救。

经宋若思与崔涣为之清雪，出狱。入宋若思幕，写有《中丞宋公以吴兵三千赴河南军次寻阳脱余之囚参谋幕府因赠之》诗、《为宋中丞自荐表》等。

旋卧病宿松，有《赠张相镐》二首。

岁末，被判长流夜郎。

乾元元年（公元 758 年） 五十八岁

流放夜郎，自寻阳启程，宗夫人弟宗璟送别，写有《窜夜郎于乌江留别宗十六璟》诗。

至江夏、沔州，写有《流夜郎题葵叶》《流夜郎至江夏陪长史叔及薛明府宴兴德寺南阁》《泛沔州城南郎官湖并序》等诗。

至洞庭，遇郗昂被贬，写有《送郗昂谪巴中》诗。

入三峡，写有《上三峡》诗等。

乾元二年（公元 759 年） 五十九岁

二三月间至白帝城遇赦，立即返舟东下江陵，写有《早发白帝城》诗。

在江夏停留很久，写有《江夏赠韦南陵冰》《经乱离后天恩流夜郎忆旧游书怀赠江夏韦太守良宰》等诗。

秋至岳州，遇贾至、李晔被贬，同游洞庭，写有《巴陵赠贾舍人》《陪族叔刑部侍郎晔及中书贾舍人至游洞庭五首》等诗。

获悉崔成甫已卒，写有《泽畔吟序》，闻襄州叛将张嘉延袭破荆州，写有《荆州贼乱临洞庭言怀作》《九日登巴陵置酒望洞庭水军》等诗。

至零陵，有《赠卢司户》诗。

上元元年（公元 760 年） 六十岁

自零陵返江夏，有《早春寄王汉阳》《江夏送倩公归汉东序》等诗文。

下寻阳，上庐山，有《庐山谣寄卢侍御虚舟》诗。

赴豫章，有《下寻阳城泛彭蠡寄黄判官》《对酒醉题屈突明府厅》《豫章行》等诗。

上元二年（公元 761 年） 六十一岁

暮春，送宗夫人上庐山，有《送内寻庐山女道士李腾空二首》。

东下重游皖南，来往于金陵、宣城间，有《饯李副使藏用移军广陵序》《宣城送刘副使入秦》。欲投李光弼军未果，写有《闻李太尉大举秦兵百万出征东南，懦夫请缨，冀申一割之用，半道病还，留别金陵崔侍御十九韵》。

至当涂，依族叔李阳冰，写有《献从叔当涂宰阳冰》诗。

代宗宝应元年（公元 762 年） 六十二岁

病居当涂，有《九日龙山饮》《九月十日即事》诗。

冬，病重，“枕上授简”，将诗文交李阳冰编集。

十一月，赋《临路歌》（“路”当为“终”字所误）而卒，葬龙山。

元和十二年（公元 817 年）正月二十三日，宣歙观察使范传正迁葬于青山。

有孙女二人。伯禽有一子，出游，下落不明。

763 年二月，安史之乱被正式平定。

主要参考书目

1. [清] 王琦注:《李太白全集》,中华书局 2015 年版。

2. [唐] 殷璠:《河岳英灵集》,岳麓书社 2023 年版。

3. [后晋] 刘昫等:《旧唐书》,中华书局 1975 年版。

4. [五代] 王仁裕、[唐] 姚汝能:《开元天宝遗事》,中华书局 2006 年版。

5. [宋] 欧阳修、宋祁:《新唐书》,中华书局 1975 年版。

6. [宋] 严羽:《沧浪诗话》,中华书局 2014 年版。

7. 向达:《唐代长安与西域文明》,商务印书馆 2015 年版。

8. 安旗:《李白传》,人民文学出版社 2023 年版。

9. 朱自清等:《西南联大通识课》,天地出版社 2022 年版。

10. 余秋雨:《中国文脉》,长江文艺出版社 2013 年版。

11. 郭沫若:《李白与杜甫》,中国长安出版社 2010 年版。

12. 李长之：《李白传》，人民文学出版社 2022 年版。

13. 吴俣阳：《人生得意须尽欢》，台海出版社 2023 年版。

14. 陈伯海等：《唐诗学书系》，上海古籍出版社 2021 年版。

15. 刘大杰：《中国文学发展史》，商务印书馆 2015 年版。

16. 郁贤皓：《谪仙诗豪李白》，凤凰出版社 2021 年版。

17. 上海辞书出版社文学鉴赏辞典编纂中心：《汉魏六朝诗鉴赏辞典》，上海辞书出版社 2016 年版。

18. 叶何其：《诗词里的中国：李白诗传》，天地出版社 2023 年版。

19.《千古风流人物》项目组：《跨山海：14 位古代诗词偶像的真实人生》，大象出版社、河南教育电子音像出版社 2022 年版。

20. 张学淳：《唐宋诗人故事》，上海社会科学院出版社 2018 年版。

21. 莫砺锋：《宁钝斋随笔》，凤凰出版社 2022 年版。

22. 宋红：《杜甫游踪考察记》，人民文学出版社 2020 年版。

23. 刘小川：《品中国文人》，上海文艺出版社 2008 年版。

24. 周勋初：《高适年谱》，上海古籍出版社 1980 年版。

25. 竭宝峰：《李白斗酒诗百篇的故事》，辽海出版社 2009 年版。

26. 马玮：《李白诗歌赏析》，商务印书馆 2017 年版。

27. 郭建龙：《盛世的崩塌：盛唐与安史之乱时期的政治、战争与诗》，天地出版社 2022 年版。

28. 周绍良编：《唐代墓志汇编（全二册）》，上海古籍出版社 1992 年版。

29. 詹锳：《李白诗文系年》，人民文学出版社 1984 年版。

30. 李碧妍：《危机与重构：唐帝国及其地方诸侯》，北京师范大学出版社 2015 年版。

31. 陈贻焮：《唐诗论丛》，湖南人民出版社 1980 年版。

32. 傅璇琮：《唐代科举与文学》，中华书局 2023 年版。